咬文嚼字文库

前排吃瓜

流行语百词榜

徐默凡 主编

上海咬文嚼字文化传播有限公司

上海文化出版社

前　言

近年来，网络生活精彩纷呈，网民们热衷于抢占沙发"前排吃瓜"。游走于键盘鼠标之间，大家有没有发现最大的瓜就是网络流行语？不管是名人发声、饭圈秘闻，还是黑幕爆料、二次元风云，最终都会在语词中留下回响。网络流行语，虽然像流星一样转瞬即逝，但是依然留下了无限的遐思：一词一味，记录人间烟火；百语百态，记载风云流转。

本书共收录100篇文章，一篇文章考据一个网络语言现象，词源、用法、文化心态、社会心理均有涉及，由此记录下网络浪潮中的吉光片羽，以点带面勾勒出网络语言的时代风貌。

值得说明的是，这些文章都首发于《咬文嚼字》的《网语漫谈》栏目，是从2015年第5期到2019年第12期中精选而来的，可谓"硬核官宣"之"百词榜"。

另外，该栏目创始之际就和华东师范大学中文系建立了合作关系。徐默凡老师任教的"语言学概论"课程将该栏目的撰稿布置为探究性作业，为栏目提供了大量高质量的稿件。本书也是"语言学概论"系列课程改革的重要成果。

本书共分8个专辑，请欣赏：

芸芸众生相：网络世界，诞生了大量神奇的网民："大大""小姐姐"和"小哥哥"，我们是亲亲热热的一家人；从"萌新"到"老司机"，经历了多少风风雨雨；"课代表""伸手党""隐形贫困人口"……形形色色的网络称呼语，让我们一起追踪它们的来龙去脉。

粉丝与饭圈：这是"粉丝""迷妹""颜饭"的领地，也是网络新词新语的重要源泉。在追求"流量"、带"节奏"的过程中，"糖""苏""丑帅""人设""男友力"等新鲜的用法风起云涌，让我们搬个小板凳前排围观吧！

旧瓶装新酒：一些日常语言中熟悉的词语，在网络语言中摇身一变焕发出别样的光彩。女人好"辣"，男人好"暖"；"逆天"的"操作"，"土味"的"画风"；"修仙""讲究""酸爽"……你能区分它们的老用法和新套路吗？

新词新语录：除了旧词新用，新词新语也是层出不穷。一个字的"怼""尬""梗"，言简义丰；两个字的"颜值""水逆"，耐人寻味。还有"毒奶""小确丧"，从字面上怕是不能被理解，需要好好解释才能恍然大悟。

人体探秘记："少女心""玻璃心"，我要为你"比心"，不能让我的"良心痛"；"辣眼睛""闪瞎双眼"，"确认过眼神"，我们都是对的人。"头秃""毒舌""剁手""打脸"……这些与"人体部位"相关的词也撑起了网络语言的一方小天地。

花鸟虫鱼汇：不要"摸鱼"，不要做"咸鱼"，快来转发这条"锦鲤"！云端"吸猫"，喝个"心灵鸡汤"，做一个精致的"猪猪女孩"。不要"吃藕"，不要"恰柠檬"，拒绝"白莲花"，你真是"猴赛雷"！

大家来填空：富有创造力的网络语言格式，可以填入各种内容。"学×"包括学霸、学渣、学痞、学民、学弱，"×系"包括佛系、甜系、盐系、猫系、犬系……它们"又双叒叕"地在扩大自己的阵容。

流星流行语：很多语录式的流行语，就像流星划破天际，虽然稍纵即逝，但异常耀眼，留下了永远璀璨的回忆。"你们城里人真会玩""友谊的小船说翻就翻""我太难了"，你还记得这些反映了社会潜意识的语言碎片吗？

目　录

旧瓶装新酒

新词新语录

人体探秘记

花鸟虫鱼汇

大家来填空

流星流行语

芸芸众生相

谁是"大大"

孙汇泽

　　2014年9月9日上午，习近平主席到北京师范大学和全国教师代表座谈时，一名来自遵义的教师向他提问："我叫您'习大大'可以吗？"习主席听后十分爽快地回答道："Yes！"于是"习大大"这个最初在网络上兴起的称呼，正式得到了官方的认可。那么，这个"大大"为什么能流行起来呢？其背后又有怎样的内蕴？

　　"大大"这个词存在于中国北方一些地区的方言之中，用来指父亲或者伯父这些长辈。"大"原本是"爹"的俗字，《广韵·哿韵》中写道："爹，北方人呼父。"现在在山东的一些方言中，"大大"仍保留了父亲的意思。在安徽一些地区的方言中，"大大"如果读轻音，是泛指任意一位伯父；如果有排序"大大""二大"等，则"大大"是指自己父亲的长兄，即大伯父。除此之外，"大大"在不同方言中还有"大娘""爷爷""哥哥"等等不同的含义。而习主席对"习大大"这个称谓之所以认可得如此爽快，也与"大大"的方言义有关。因为他是陕西人，在陕西方言中，"大大"就是对父亲的尊称。将习主席称作"习大大"，包含了人民对他的期待与信任。

　　现如今，随着语言的发展，"大大"这一称呼的流行范围已经不仅仅在方言内部。网络用语中的"大大"，一般认为从动漫圈子开始流行，源头应该是台湾网友在BBS上对仰慕者的敬称——大人。如"某某大人，讨教一个问题"，就是这样的口吻。后来觉得"大人"这一称谓太正式，于是改为更亲切的称呼——"大大"。起先，"大大"主要出现在一些小说网上，是对知名作者的尊称加爱称。而随着粉丝文化的日益流行，在很多的粉丝群体中，"大大"也开始流行，一些具有剪辑视频、画图、写文等等特殊技能，能够为偶像的作品提供更多衍生作品的粉丝，往往也会被其他粉丝称为"大大"。而这些"大大"级别的粉丝，也往往能收获更多的关注度，甚至更有可能与偶像近距离接触。此后，"大大"的语义进一步泛化，几乎等同于"高手、能人"，逐渐演变成为一种社会泛尊称了。

那么，"大大"为什么能在这么多领域流行呢？一方面是受到了方言的影响。方言进入网络用语的情况并不罕见，如"伐开心"等。方言进入网络语言，会让网民觉得有趣好玩。而且，北方方言中"大大"的所指对象，无论是"父亲"也好，"伯父"也好，都是在传统礼仪规范中受到尊重的长辈。"大"这个字本身也有崇高伟岸的意思，因此"大大"虽是方言词，但是文字和意义之间关联性较为清晰易懂，更容易被广泛接受和运用。另一方面，"大大"这个词能够完美地表现出网民们对网络高手的顶礼膜拜之情。通过叫一声"大大"表现对作者的真心称赞，一下子拉近双方的距离，还能够缓解两个陌生人开始交流时斟酌称谓的尴尬，可谓一举两得。

其实，在网络世界中每个人都有可能成为"大大"。做一个众人尊敬的"大大"，你准备好了吗？

"妈妈"很忙

马晓航

2009年7月16日，随着魔兽世界贴吧里的帖子《贾君鹏，你妈妈喊你回家吃饭》，火遍大江南北的网络流行语"你妈喊你回家吃饭"横空出世了。同年，步步高点读机推出了令人印象深刻的广告词"So easy! 妈妈再也不用担心我的学习"，于是以"妈妈再也不用担心我……"为格式衍生出了许多段子和广告，甚至有些App也以此命名。自那时起，"妈妈"，作为每个人人生中的重要角色，开始在网络流行语中"忙碌"起来。

而今，十来年过去了，"妈妈"仍然没有退出网络流行语的舞台。每当天气转凉，"有一种冷，叫作你妈觉得你冷"以及配套的表情包就会季节性地活跃起来。这句话源于中国北方的一个普遍现象：在天气预报刚刚宣布降温之后，妈妈的电话就会打来，反复叮嘱孩子该穿上秋裤了。这本是母亲关心孩子的行为，却由于没有考虑到儿女的实际情况，比如儿女身在海南等热带地区，而逐渐发展成为一种调侃意味浓重的网络用语。以此为文的段子往往会配上孩子在夏季身着鸭绒衣之类带有极大反差性的图片，进一步加强调侃意味。

火自韩国的网络热词"姨母笑"，本用来形容在看到可爱的小孩子时，由于类似母爱的感情而自然流露出的一种微笑。后来在流行过程中不断发展，使用范围逐渐扩大，当女生看到萌物或者偶像的时候，洋溢的少女心和花痴一般的笑容也可以用"姨母笑"来形容。与"姨母笑"用法相似的就是"老母亲般慈祥的微笑"，用来表示一种欣慰的感觉，比如"看到剧中他们二人终于修成正果，我忍不住露出了老母亲般慈祥的微笑"。除此之外，"老母亲般慈祥的微笑"还可以用来表示QQ聊天表情中微笑的表情，这个表情本来是为了表示亲切和友好，但是由于这个微笑看起来过于僵硬，于是在年轻人的使用中逐渐变化，更多地用来表示不爽和无语。试想，当你在端水果的时候不慎打碎了盘子，这时妈妈突然出现在你的背后，脸上带着一种意味复杂的微笑说"怎么连这点小事都干不好"，这时你感受到的是妈妈的无语和无奈，这就是该表情现在表达的意思了。

另一个和"妈妈"有关的流行语是"妈问跪"，这是"妈妈问我为什么跪着看手机"的简称，最初出现在视频弹幕当中，用来形容对视频当中厉害的操作和能人的佩服之情。随着"妈问跪"应运而生的还有"妈妈问我为什么跪着听歌""妈妈问我为什么跪着打游戏"等一系列网络语言，目的都是为了表达所指对象的不同寻常，令人敬佩得五体投地。

关于母亲的网络用语繁多，我们不难发现贯穿在其中的是母亲对孩子的关心和爱，于是才会有"你妈喊你回家吃饭""妈妈再也不用担心……""你妈觉得你冷""老母亲般慈祥的微笑""妈妈问我为什么跪着……"这一系列的网络流行语。当我们在网络交流中重复使用着它们的时候，别忘了回过头，多关心关心操劳的母亲。

有事请叫"小姐姐"

徐泓梁睿

近来,"小姐姐"一词在年轻人中流行开来。下至校园里的大中学生,上至已进入中年行列的职业女性,都被唤作"小姐姐","小姐姐"成功跃进"热门社会称谓"的榜单中。

"小姐姐"起源于小众的动漫文化圈,是该圈粉丝对日本某偶像组合成员的称呼,更准确地来说她们是动漫角色的配音演员,多是二十来岁的成年女性,相对粉丝来说稍微年长几岁,但是她们配音的角色又是天真可爱的,所以粉丝在"姐姐"前加上"小"字以示亲切。仔细想想那些带有"小"字的词语——小鱼儿、小鸟儿、小宝贝、小天使,以及近来很流行的小仙女、小可爱等,一个"小"字增加了多少萌萌的意味。

随着"小姐姐"一词在动漫圈的逐渐流行,它的语义也随之扩大,用来泛指动漫中所有可爱类型的女性。渐渐地,"小姐姐"打破了文化隔阂,走出相对狭窄的动漫圈来到了网络社交平台,成为各类粉丝对于自己喜爱的女性偶像的爱称。后来,"小姐姐"的使用范围被彻底放大,和多年前流行的"美眉""美女"一样,可以使用在各种女性人物上,变成了一个普通的社会称谓。

追究"小姐姐"走红的原因,主要还是二十岁上下的年轻女性称谓缺失造成的。这些女性不仅苦于被小孩子喊作"阿姨",就连她们之间的相互称呼也是个问题:"大姐""小妹"这些从亲属称谓泛化来的称呼都带有辈分的概念,而这种长幼尊卑之分与年轻人群体的社交氛围格格不入。对那些还不太熟悉的同龄人要怎么开口称呼呢?由于相应称谓的缺失,她们在人际交往中往往会刻意忽视称呼,或是和年纪相仿的陌生人陷入无语的尴尬。可自从有了"小姐姐",原本拘谨羞涩的少女仿佛一夜之间成了社交达人:"小姐姐,请问下学期××老师的课怎么样呀?""哇,小姐姐你这支口红好好看啊,哪里买的?""小姐姐"的使用打破了陌生的气氛,拉近了双方的距离。

其实,"小姐姐"一词的女性使用者往往具有幼态持续的心态。"幼态持续"是社会生物学中的一个概念,大意是生物成长后依然保留幼年的状态特征。在文化心理上,"幼年状态"意味着不具备攻击性、惹人喜爱,需要被人照顾或保护。女性在用"小姐姐"一词与同为女性的陌生人进行交际时,利用"幼态持续"示弱,能够缓解陌生环境中女性对同性潜在的攻击性与排斥感,让对方对自己放下防备、产生好感,也可以在短时间内打破生疏、拉近距离。

除了对话双方的彼此称呼,"小姐姐"还常常用于对话双方对于第三人的指称:"昨天在街上看到一个小姐姐长得好漂亮。"在这里,"小姐姐"的年龄界限被模糊,用来指称年轻的女孩子。与之相比,"美女"也是在前几年颇为流行的社会称谓,但是过于强调容貌,有些轻浮,而"小姐姐"化用自亲属称谓,亲切礼貌得多。再如粉丝称呼自己的偶像："我们家小姐姐真是太可爱啦！"这既和年轻群体偶像低龄化有关，也同样利用了亲属称谓泛化而保留的亲切感，显示了偶像的亲民性。

"小姐姐"一词的出现弥补了交际中的多种空白，进而还诱发了"小哥哥"的崛起，不管是自己的男性偶像、刚刚认识的异性还是路上偶遇的帅哥，都可以是"小哥哥"了。这些"小哥哥""小姐姐"不仅在自己的社交圈中相互使用，还致力于推广——他们再也不愿意在地铁让座时被人叫作"叔叔""阿姨"了。

形形色色的"我"

邵康慧

自称,是说话人根据交际需要建立自己交际角色的行为。在网络语境中,网民在自称语使用时既要满足设定虚拟角色的需要,又要追求新鲜好玩的效果,因此催生了层出不穷的新兴自称语。让我们来"检阅"一番吧。

一、皇家称谓: 朕 (寡人、孤)、本王、本宫、哀家等

近年来古装剧盛行,让尊贵的"陛下"和"娘娘"们走入了寻常生活。用作自称时,网民们似乎对位尊者更为倾心。举个简单的例子,除了一些现实生活中已为人母的女性喜用"本宫"来凸显自矜自尊的气质外,年轻女孩也常使用"本宫",却鲜有自称"小主"的,因为小主是清宫戏里待选秀女或者是低级嫔妃的称呼,显得不怎么讨喜。

从另一个层面来看,我们对传统文化仍有一种好奇心和陌生感,而这一类曾经无比"高大上"的自称迅速拉近了现代人与历史的距离,上口有几分文绉绉的贵气,又不失生动有趣。在新浪微博上,如果我们关注北京故宫推出的"故宫淘宝",就会收到"既然关注了,从此你就是本宫的人了!"这样的问候语,其商品和这句话一样,也是各种古代玩意儿和潮流创意跨界组合的成果,在年轻人中

颇有市场。台北故宫博物院推出的"朕知道了"胶带亦曾风靡一时，这简单四字复制于康熙皇帝批阅奏折时在文末朱批的真迹，既明了利落，又霸气自信。

二、宗教称谓: 贫道、贫僧、老衲等

网民们用这类词自称时，词语的宗教色彩淡化，也不再是信徒的专用语言，主要是为了产生一种娱乐化效果，将自己装扮成仙风道骨的世外高人模样，如:"你们且在这里，贫道自去修炼英语啦!"

这些词语的宗教意义也会产生自持警戒和禁绝人间烟火的意味，但有时候网民将之用于某些世俗场合，反而产生了强大的反差喜剧效果，如:"老衲此次回家，被逼着连续相亲三天……"

三、方言称谓: 偶、窝、额等

用方言来自称，找不到本字，只好用同音字来记录，会产生轻松俏皮的色彩。例如"额滴神啊"，是喜剧《武林外传》中佟掌柜挂在嘴边的口头禅，属于陕西的关中方言，"额"即"我"，"滴"即"的"。后发展为网络流行语言，表达不可思议的感慨。语气夸张，尽显诙谐，看到这四个字简直言犹在耳! 再比如"偶"来自台湾腔的闽南语，经常为年轻女性选用来显示自己的可爱。

此类来自方言的自称词弱化了普通话的规范程度，减轻了书面语色彩，从而达到一种较为亲切的效果。

四、长辈称谓: 老娘、老子 (劳资)、爸爸等

用老娘、老子自称，并非网络语言首创，是市井俚俗常见的粗

俗表达。但在网络上由一群文质彬彬的年轻人说出，似乎减少了一些粗俗，增加了一些谐谑。此外还有以"爸爸"自称的，与以"宝宝"自称的流行语相伴相生，表情包里也少不了这样的话语："别逼我，不然你将失去爸爸。""我把你们一个个当朋友，可是你们呢？却把我当父亲。"

但不管怎么说，这些称呼语建立在"父亲－儿子"的尊卑关系上，使用时更偏向于抬高自己、贬低他人。即使是开玩笑，也违背常理，不仅无法使网友在交流时体会到平等的虚拟社交关系，更像一种话语权的绑架，多多少少让人心里有些抵触。

五、其他：人家、宝宝、老夫等

除了以上四类，还有一些无法归类的网络自称，如人家、宝宝、老夫等。

女性更喜欢使用"人家"，因而这个词具有性别区分的作用，可以实现娇嗔委婉和发嗲卖萌的表达诉求，具有独特的亲昵功能。

"宝宝"除了萌，也许还暗合了人们潜意识里自尊自大的心态。说话者以幼童自居，对听话者而言便无胁迫感，想传达的信息也就更容易被接纳。试想女孩子发来信息，"宝宝不开心了，宝宝有小情绪了"，毫无疑问是在表达负面的感情，但并不会感觉她有多"作"，反而会产生一种怜惜之情。

七十以上的男子可以谦称"老夫"，但在网络上，有时也为女性所用。面对韩剧里动人的情节，女性们纷纷表示"老夫的少女心活过来了"。本来"七十曰老"，但少女自称老夫营造出的年龄落差，却很真实地还原了那种怦然心动的瞬间体验。

为了构建理想的交际关系，自称词更新换代的步伐还远远没到停下的时候。花样百出的"我"，最终还是服务于"我和你"的关系：一方面，说话人在含蓄地向听话人吐露心声，表达言语用意；另一方面，听话人又设身处地来理解说话人的隐藏意图，理解其言外之意。这也就是所谓人称的艺术。

"老司机"开车了

任佳铭

　　老司机，从字面上看，是指有着丰富驾驶经验，开车技术好的司机。自从2015年一首怪诞滑稽的云南山歌《老司机带带我》被网友扒出而大火以后，"老司机"一词就有了淫秽色情的引申义，被很多人片面理解为在男女之事方面经验丰富、得心应手的人。实际上，随着频繁使用，"老司机"一词开始泛化，产生很多宽泛的含义，甚至有其褒义的一面。2017年7月18日，教育部、国家语委在北京发布的《中国语言生活状况报告(2017)》中将"老司机"一词确定为2016年度十大网络用语之一，这可以说是对"老司机"一词正面含义的肯定。

　　现在，"老司机"往往指在某些方面资历老、见识广、经验足的人，伴随着惊叹与崇敬之意。"某些方面"指称的范围很广，不管是学习、游戏、手工、技术或者其他任何一个方面，只要一个人有所专长，就可以被称作"老司机"。比如，在国内很火的游戏《王者荣耀》中，如果一个玩家很厉害，对各种英雄操控得很娴熟，段位很高，他就可以被称作"老司机"，就会有很多低段位的玩家求带着一起玩游戏。

　　在百度云、微盘等地方，手头保有丰富资源的人会被崇拜者以及急于索取资源的人称为"老司机"，此时"老司机"特指在网上分享资源，或者显摆自己资源丰富的人。这里的资源涵盖范围很广泛，比如国外的影视资源，最近刚刚上映的影片资源，在正规音乐网站需要购买的音乐资源，等等。由于版权限制或为了省钱等原因，很多人会选择在网上找各种自己需要的资源，而这时拥有丰富资源的人就会被称为"老司机"。不过，这里的"老司机"当然也有侵权的嫌疑。

此外，"老司机"也用来比喻网络上有一定"人生阅历"的人。例如，在各种网络社区中待得久、资历老的用户会被称为"老司机"，如"果壳老司机""豆瓣老司机""知乎老司机"等，他们往往对科学的一些细分领域十分精通。

关于"老司机"，还有一个比较少见的用法：在有些贴吧、微信群、QQ群中存在着一些熟悉便宜商品购买渠道的资深用户，他们也被有需求的人们称作"老司机"。

由"老司机"一词引申出了很多的词语和用法，例如"发车（也作开车、飚车）""老司机发车啦""老司机带带我"等。当"老司机"的资源未能发上去时会被称为"老司机翻车了"，后来的人看到"翻车了"可以补刀一句"车祸现场"。

通过观察，我们可以发现"老司机"一词的引申义和其本义存在着基本的相似点，其本义是指在驾驶方面经验丰富、技术娴熟的人，引申出来的意思也都是指成熟老到的人，只不过由驾驶方面引申到了生活的其他方面而已。至于为什么是"老司机"，而不是"老

医生""老教师"或者其他职业, 可能是云南山歌《老司机带带我》
以其搞笑荒诞满足了广大网民的猎奇心理, 引起了广大网民的关
注, 从而为网络用语"老司机"的走红提供了一个契机。但这并不
代表"老司机"一词的含义只局限于淫秽的一面, 在网络的广泛传
播和实际应用中, "老司机"一词已经被赋予了更多正面的含义。

"伸手党"面面观

苏怡宁

何谓"伸手党"？该词的构成来源于我国古代八字成语"衣来伸手，饭来张口"，释义为"形容懒惰成性，坐享别人劳动成果的人"。然而在纷繁斑斓的社会生活中，却涌现出活跃在不同领域的花式"伸手党"。让我们跟随镜头的转换，一窥"伸手党"们的群像吧！

镜头一：传统"伸手党"

在济大学生月均花费千余元 做"伸手党"透支消费越来越普遍（凤凰网，2017年8月31日）

大学生贷款平台"名校贷"助力毕业季不做伸手党（凤凰安徽站，2016年5月11日）

这里的"伸手党"多指向词语本义，指向父母"伸手"索取生活费的孩子。根据在校大学生较难完全实现经济独立的群体特征，父母定期供给生活费本无可非仪。然而青年群体中"超前消费"现象盛行，以致父母给予的定额生活费很快"入不敷出"，一些大学生便只好再次向父母"伸手"。

镜头二：地铁里的"伸手党"

地铁"伸手党"，治你们有招（《北京娱乐信报》，2016年12月9日）

地铁里的"伸手党"，主要有两类人：一是乞讨卖艺人员，二是近年才涌现出的拿着手机四处"求关注"的创业者们。

"乘客您好，欢迎乘坐轨道交通××号线，地铁车厢内严禁乞讨、卖艺、散发小广告等行为……"温厚清晰的广播人声正萦绕于耳边，眼前却是乔装打扮后的乞讨人员向你伸出了"渴盼"的手，这一颇具讽刺性的场景在地铁车厢内时常出现。

"您好，我正在创业，能扫一下二维码，关注一下我吗？" 您是否在地铁车厢内听到过对方这样的殷切询问？这便是地铁"伸手党"之"创业求关注者"。近年来，相当数量的年轻人在政策支持和鼓励下选择自主创业，然而也出现了一群人打着"创业者"的旗号，将地铁车厢这个暂时封闭性的人群密集场所当作"大展拳脚"的办公室。

镜头三：互联网资源型"伸手党"

黄子韬"盗图"盗出新风格，站姐宠出来的伸手党我们哭着也要宠完（爱豆网，2017年8月31日）

伸手党，你知不知道免费是这个世界上最贵的东西（中华网旅游频道，2017年8月30日）

iOS越狱元老嘲笑伸手党：等不及就自己开发（网易新闻，2016年7月18日）

互联网资源型"伸手党"最早流行于论坛贴吧等地，指殷切地向楼主求链接、求资源的人群。由于多数情况下资源持有者愿意与广大网民分享，这时的"伸手党"还未带有过多的贬义色彩。

随着豆瓣、知乎等大型知识平台的兴起，知识共享更为便捷，人们利用网络解决问题的成本进一步降低。然而日益强大的互联网检索功能却被已带有懒人属性的"伸手党"搁置一旁，什么资源都要到网上去讨。此时"伸手党"的含义指向"任何资源（图片、音乐、链接等）都只想经过他人直接获得而不自己搜索"，语体色彩过渡至贬义。

"伸手党"群体中的激进分子，则获得了"催坑侠"的称号。"催坑侠"的标准行为是疯狂催促优秀的尚未出现的资源，比如没有字幕的影视剧、没有汉化的游戏等。当"伸手"得逞后，他们往往又会违规下载或转载发布。冠之以"侠"字，是反讽这一人群对原作者及其劳动成果不尊重的态度。

随着镜头转换，我们窥见"伸手党"一词语义发展的虚化、泛化态势，亦可以总结出三类"伸手党"的共同特征。"伸手"一词语义可扩充为"伸手去拿、伸手去要"，含有"主动索取"之义，希望对方给予某样东西或采取某种行动来满足"伸手"主体的期望，"伸手"行为本身亦带有一定程度的迫切情绪。随着语义发展，真实的"伸手"动作从有变无，但最终达成因"伸手"而有所收获的效果却从未改变。

我们呼唤温暖的互助，但我们拒绝一味地"伸手"。

"课代表"来了!

万安

　　属于校园时光的经典语录,你还记得吗?

　　"课代表,帮忙把卷子发一下。"

　　"划重点了,快拿本子记下来。"

　　"咚咚咚",老师敲着黑板提醒道:"这个知识点一定会考,同学们要记熟。"

　　也许你会略带惆怅地说,你早已不再是学生,这些校园用语已离你远去。别急,刷刷微博,看看微信,"课代表"和"敲黑板"的"老师们"依然活跃在你眼中。比如:

　　"今天获物理学奖的研究到底说的是啥?啥啥激光?有没有课代表啊?"

　　"敲黑板!上海、北京整治住房租赁市场乱象!"

　　"课代表来啦!我来为大家总结视频里产品的优缺点。"

　　"事情真相到底是什么,我看不明白,有没有课代表说明一下?"

　　校园语境中,"课代表"指"教学班中负责跟某门课程的任课教师沟通教学情况的学生代表",有时也作"科代表"。校园生活里,"敲黑板""划重点"是老师指出教学要点时的提示行为。网络语境中，校园日常用语摇身一变，成了趣味性流行语。微博、微信朋友圈等网络平台被类比成教室，网络信息传递过程被比作授课。信息接收者扮演"学生"，接收海量资讯。信息发布者扮演"老师"，用"敲黑板""划重点"等动作来吸引读者眼球。"了解某知识的人""善于总结的人""知道背后真相的人"，承担网络中的"课代表"角色，他们的任务是分享知识、解答疑惑、总结社交平台上的长文章、提取视频中的关键点、总结最近发生的事情、指出复杂事件背后的真相等等。校园"课代表"与网络"课代表"作用相似，前者是促进同学与任课教师沟通的桥梁，后者是连接网友与信息发布者，并帮助网友快速获取关键内容的中介者。

将网络中无法面对面交流的对象，比作朝夕相处的同学、老师，这能拉近互动双方的心理距离，使网络交流俏皮有趣，富有亲切感。对早已离开校园、步入社会的人而言，在网络中重温熟悉的语句，更能促使他们回忆青春美好的校园时光。

校园用语网络化在带来趣味与温情的同时，也反映了一定的现实问题。以"课代表"为例，它的存在既有利于网友们共享信息，加深互动，节省阅读时间，也反映出"信息发布者""信息接收者""网络大环境"三方面的困境：于发布者而言，部分人文字功底、视频制作水平不高，作品太过冗长或逻辑不通，令人难以理解，要想有效传播，离不开"课代表"的提炼总结；于接收者而言，在碎片化信息冲击思维的背景下，部分人缺乏深阅读的能力，面对稍长的文章或视频，便焦虑浮躁，静不下心，无法提取关键内容；于网络大环境而言，网络平台在提供有效资讯的同时，也是虚假信息的巢穴、浮躁心态的温床。

所以，下面"课代表"要划重点了：在享受快餐化阅读的便利时，不要忘了深阅读对思维培养、品格塑造的重要性；在面对"罗生门"般的社会事件时，多保持　份理智和耐心；身处浩瀚的信息海洋之时，请守护校园时代的简单纯净，不要迷失在五光十色的网络世界里。

人生如戏全靠演技

周劼妤

　　中国古代一直流传着花精、草精、兔子精、狐狸精等精怪传说，但在今天早已绝迹，不过网络世界中却新出现了一种"戏精"——本是个普通人，却觉得自己是个艺术家，时不时地为自己编排戏码深情演出，令人不由感叹："奥斯卡还欠他一个小金人。"这种"戏精"从何而来，又如何表演，且听我细细道来。

　　"×精"，从字面上看就是"成精了的某种东西"。在传说中"成精"往往都需要刻苦修炼以达成高深的造诣，于是"×精"进一步引申为具有某种特殊本领而且本领高强的人。"戏精"最早的用法即来源于此，指表演投入、演技精湛的人。比如2001年东方网就发表了一篇题为《橘子不好剥，戏精周迅也曾被李少红骂哭过》的新闻，而2008年《长江商报》的文章中也称赞陈冲继斯琴高娃之后获得了"戏精"称号……这些用法中，"戏精"相当于"表演艺术家"，是对演员演技的极大称赞，是个褒义词。

　　然而，"非我族类，其心必异"，在传统文化中"精"往往带有贬义。日常生活中要是说谁"成精了"，固然有表扬他厉害的可能，但多半是阴阳怪气、话中有话，类似"人精""碰哭精""马屁精"都不是什么好词。受这种语言文化影响，"戏精"也慢慢贬义化了。这种变化首先出现在追星群体互相掐架的过程中。有些演员在表演过程中常常会脱离剧本，强行给自己加上一段剧本中没有的表演，从而提高自己的曝光度，增加亮相的机会，这称为"加戏"。若是演员对角色有着深刻认知并且演技精湛，这样的"加戏"往往会成为亮点而被众人称道。但更多情况卜，"加戏"会出现在急于求成的新演员身上，他们往往自作主张做出浮夸且与角色性格不符的举动以求一炮而红，但这样的演出更容易被认为是哗众取宠、自不量力。这样的"加戏"与明星在生活中高调行事，言论出格，不断用花边新闻吸引群众关注的行为，在目的、措施上都微妙相似，于是"加戏"由表演领域进入了生活层面，用于"明星自我炒作以博得大家关注"。这种在日常生活中也时时刻刻不忘给自己"加戏"，就像是在不断修炼演技的精怪，就此被冠上了"戏精"的称号。

实际上，生活与演戏本身就具有同质性与相似性。社会学理论中也会将日常生活类比为戏剧，社会生活中的人好比戏剧中的演员，为了输出个人意见和情感、塑造形象的需求，人们都会选择进行某种社交表演。因此，"戏精"这个粉丝圈的用语也能完美适用于普通人的日常情景，于是"戏精"的应用范围大大扩大。如今"戏精"的用法可褒可贬，褒可作关系亲密的朋友间的调侃，由最初"戏精"赞美演技的含义衍生而来。这时戏精多是指有强烈表演欲望和幽默感的人，他们在日常生活场景下常会突发奇想进行一场即兴表演，比如"每次写完作业坐在书桌前整理书本，就好像自己刚刚播完《新闻联播》"。这时"戏精"往往作褒义，赞赏他们善于在生活中找点小乐趣，脑子里充满着奇思妙想，给周围人也带来快乐的积极的生活态度。而"戏精"在作贬义时，则更类似于"丑人多作怪"的意思，用于指责两面三刀、人前一套人后一套的处事方法或是在无关紧要的地方小题大做以吸引他人注意力的行为。更过分的一种"戏精"，他们为了博取他人的注意力或是为了利益而做出诸如扮猪吃老虎、明修栈道暗度陈仓的行为，就像是演技精湛的演员在不同角色间切换，需要相当的心眼算计，这样的"戏精"也无怪乎人人喊打。

　　所以在人人都有可能是"中央戏精学院"毕业的当下，面对戏精朋友时不妨配合他们的演出，欣赏生活中的灵光一闪也是乐事一桩；而面对那些背地使坏的戏精们，还是要看破他们的演技后自己提高警惕，以免被人暗箭伤害。

从"戏精"到"杠精"

宋晓凤

　　近年来，无论是视频里的弹幕，还是微博下面的评论，甚至于知乎和豆瓣这样知识分子云集的网站上，都会常常出现"杠精"这个词语。与其他网络词语不同，它不是一夜爆红的，而是逐渐普及，慢慢成了一种社会现象。

　　那么杠精是什么意思呢？字面上就是指那些"抬杠成精"的人，他们抬杠成瘾，不管别人说的是什么，都要反驳挑刺，为了反对而反对，通过反对别人来获得自己的优越感。

　　"杠"原本指的是在阅读或批改文字中作标记而画的粗直线，后来引申为动词，指把不通的文字或错字用直线划去或标出，接着就引申出与人争辩、纠正别人的错误的含义。"抬杠"的产生使这个词带上了贬义，用来指无事生非地争辩、顶牛，《儿女英雄传》第四十回就有"姑老爷先不用和我们姑太太抬杠"这样的用例。

　　"杠精"这个词语的出现恐怕受到了"戏精"的影响。"戏精"也是这两年开始流行的网络词语，是指通过表演或模仿来作秀，从而显示自己的存在价值，如今这个词也慢慢变成贬义词。"抬杠"和"戏精"合在一起，就有了"为了显示自己的特殊地位，故意与人抬杠"的意思，这就是"杠精"。杠精往往令人讨厌，他们的口头禅总是

"不是这样的"。在网上有一个很好玩的例子充分体现了什么是杠精, 当两人加了微信好友之后:

"很高兴认识你!"

"有多高兴?"

"别提有多高兴了!"

"为什么不提?"

"提了就不高兴了。"

"不高兴就不提了?"

"别提了,高兴死了。"

这就是一个令人哭笑不得的杠精最后把天聊死的过程。当然,上述这种例子是比较极端的,但是生活中的杠精也会或多或少带着一些这样的影子。

生活中包含三种杠精, 第一种是因为自己情绪不好, 为了杠而杠, 无论你说什么, 他都会进行反驳, 哪怕他的内心是认同你这个观点的, 因为他的关注点根本不在你提出的观点上, 他只是借此来发泄自己的怒气。比如, 当你说胡歌好好看呀, 他就会立即反驳:"哪里好看了, 我怎么没觉得。"第二种是"假学术型"杠精, 他们在看别人写的文章、别人发表的观点时, 会抓住其中的一个点, 运用其他知识点来抬杠, 完全不理会这篇文章的上下文语境、作者真正想表达什么。最终他们得到了自己世界里最聪明的结论, 并且为此洋洋得意。第三种是无论什么问题, 他都会把这个问题升级到国家高度、人权高度, 站在道德制高点来批评你。比如当你说到奥黛丽·赫本太美丽了，他就会说："你可真是崇洋媚外，我们中国人难道不好看吗？刘亦菲不好看吗？"当你说到希望生一个可爱的男孩子，这些人就会说："女孩子难道不可爱吗？就是你们这些重男轻女的人的存在，才会出现中国的男女不平等。"这一类的杠精永远会把个人感受上升到一个制高点来评论抨击别人。

不过，我们也要注意，随着"杠精"这个词语的流行，有的人一言不合就给别人扣上"杠精"的帽子，不允许别人有反对他的意见，这也是不对的。网络上确实存在着许多杠精，但我们也不能因为杠精的存在就放弃了真正的有效批评。有则改之，无则加勉，才是对待批评的正确态度。

"萌新"面面观

成亚男

　　"萌新"这个词，如今非常流行，大致可理解为"萌萌的新人"，常用于新手在贴吧或者论坛上自称，还有刚刚加群的新人表示自己初来乍到时也会使用。在动漫圈和游戏圈，"萌新"也常作为新手玩家的代称，而且往往用来指女玩家。那么，新人为什么叫"萌新"？"萌"的意义又是怎样与"新人"联系在一起的呢？

　　"萌"的原义是"萌发、萌芽"，而"萌新"最早出自游戏圈，指代在网络游戏里对各种操作都一知半解的新手。"萌新"中的"萌"有多重含义。首先，"萌"给人以可爱、单纯的感觉，让人觉得纯真无邪、天真烂漫。新人由于刚刚进入一个新环境，对许多事情都不了解，很容易给人以傻傻的可爱的感觉，于是面对天真的"萌新"，大家常常乐于施以援手，为他们解除困惑，帮助他们融入到新的环境中。其次，"萌新"这个称呼十分可爱生动，又能表达谦虚的态度，新人也愿意使用它来指代自己，还衍生出一些固定的网络流行用法，例如"萌新瑟瑟发抖"，意思为被吓得直发抖，浑身哆哆嗦嗦，形象地表达了天真的"萌新"因为不了解新环境的规则而受到惊吓后的可怜状态。此外，作为新人，"萌新"还有一种"年轻、带有青春活力"的感觉，这也使很多人感叹："连萌新都这么厉害啦，真是自愧弗如!"

然而，为什么很多人提起"萌新"的时候，语气里常常包含无奈、奚落甚至嘲讽呢？例如面对游戏中啥都不懂、坑死队友的"菜鸟"新手，有人感叹："和萌新一起打游戏，干脆不要理他们吧!"为什么有时"萌新"会带有贬义色彩呢？因为有些新人，不仅傻里傻气、什么都不懂，而且自己不思考、不求上进，一有不懂就发问，喜欢抱别人的大腿。面对这些总指望大佬"带自己飞"的"萌新"，大家当然不会觉得他们可爱，反而会觉得他们卖萌的样子有些做作，让人讨厌。因此，人们谈到"萌新"有时便会带上无奈、埋怨和讽刺的语气，用于批评那些不动脑筋、凡事依赖的人。不过，也有些人对这些"萌新"持包容的态度："大家都是这么过来的，多关心一下他们吧!"表现了他们宽大包容的胸怀。

"萌新"既有可爱单纯、朝气蓬勃的一面，有时也有不思进取、依靠他人的一面。所以，"萌新"在请教大佬、适应新环境的时候，不要忘记自力更生、积极进取，只有这样才能尽快融入新的集体哦!

你属于"隐形贫困人口"吗

何婧

有这样一群人，他们胡吃海喝，尝遍山珍海味；他们游山玩水，饱览大好河山；他们各路名牌在手，走遍天下不愁。通过朋友圈动态，他们将自己放荡不羁的生活展露无遗；而光鲜亮丽的背后，却是空空如也的钱包和永远还不完的信用卡债务，见证着"富有"的代价。他们就是城市青年的新阶层——隐形贫困人口。

"隐形贫困人口"兴起于微博的一个名词解释，指有些人看起来每天有吃有喝有玩，但实际上非常穷。这一解释立刻引起了广大网友的共鸣，他们纷纷站出来"认领"这一称号，更有网友调侃："真羡慕你们这些隐形贫困人口，我是真的穷，写在脸上的那种。"自"贫穷限制了我的想象力"在网上风靡后，人们对于"穷"有了新的认识，"隐形贫困人口"就是一个新的自嘲型矛盾热词。

许慎《说文解字》曰："隐，蔽也。""隐形"即隐蔽不为人所知，隐而未现，与"贫困人口"这一词语结合为"隐形贫困人口"，便成为那些看起来富有实则贫困的人的代名词，正所谓"你不是真正的富裕，你的挥霍只是你穿的保护色"。

"昨天抢到了今年新发行的限量款名牌包包""今天要打卡网友推荐的精致网红餐厅""明天去健身房跟私教燃烧我的卡路里"，

这一群体与我们熟悉的"月光族"不谋而合，他们虽然生活在城市中并有着较为稳定的收入，但消费常常随心所欲没有预算，以至于入不敷出，长期以来存款基本为零。隐形贫困人口的背后，其实是当代青年消费与支出难以平衡的窘态。但与此同时，消费带来的快感也排解了一定的社会压力，信用卡等支付方式也给他们带来更多的消费自由，如此有"腔调"的生活让他们实现身份认同而融入都市社会。

隐形贫困人口可以是那些"为爱买单"的人——可以是爱宠物："猫狗双全，人生赢家。猫粮必须是皇家的，狗狗的玩具甄选婴儿级无毒材质，挣钱不就是要给尊贵的主子们花的吗？"可以是爱明星："爱豆又出新专辑啦！打榜、周边、巡演一个都不能少！"隐形贫困人口也可以是那些"及时行乐"的人——"繁忙的工作使我憔悴，是时候买个全自动扫地机器人犒劳一下自己了。""人生应该来一场说走就走的旅行。"他们秉持"今朝有钱今朝花，此时不花待何时"的理念，只要剁手剁得心满意足，月底沦为贫民窟的男孩女孩也无怨无悔。还有一类是"打脸充胖型"隐形贫困人口，他们向往着有腔调的奢华生活，只要能向显形富豪人口靠近一点点，做什么都心甘情愿。隐形贫困人口以他们的一言一行重新定义着"挥金如土"：在外挥霍钱财，回家默默吃土。

值得一提的是，"隐形××人口"也发展成了一个可替换的结构，让广大网友的创造力得以施展。他们脑洞大开，创造出一系列新词——隐形富豪人口：生活朴素与世无争，实际上腰缠万贯日进斗金；隐形单身人口：撩妹技术高超，实际上从未谈过恋爱；隐形学霸人口：爱玩爱浪爱放纵，实际上经常刷题到深夜；隐形吃货人口：看起来瘦到能被风吹倒，实际上一顿能吃三大碗……

　　不过，"隐形贫困人口"的调侃用法，也使我们看到大多数当代城市青年其实并不是十分认同这种做法，只要保持消费理性，"隐形贫困人口"在时代浪潮的洗礼下，一定会脱贫致富！

"塑料姐妹花"是什么花

刘恬

　　"塑料姐妹花"的说法源于微博段子"好姐妹的感情就像塑料花，特别假，却永不凋谢"。后来就专门用来形容女性间的虚伪友谊，比如一女生为吓退追求者竟用闺密丑照网恋引起轩然大波。这生动诠释了"塑料"友谊究竟能"假"到何种程度。当然，日常生活中的例子也不少：自拍照里的精致妆容全靠女伴的大饼脸衬托；平日总说为朋友两肋插刀，关键时刻还得插朋友两刀。"塑料姐妹花"之间感情复杂，亦敌亦友，暗自勾心斗角、互相伤害，却不与对方决裂，表面上仍维持着较好的朋友关系。她们明面上"商业互吹"，背地里却上演宫斗大剧，虚假友谊的小船总是说翻就翻，与时时浇灌、滋长友谊鲜花的好姐妹有着迥然不同的画风。

　　探究词源，"姐妹花"原指面容姣好的亲生姐妹，后用于称呼关系特别好的闺中密友，泛指情同姐妹的好朋友。在网络交际语境下，人们为了更加有感染力地表达情感，习惯使用略夸张的表达，因此"姐妹花"用于称呼普通的女性朋友也未尝不可。

　　而"塑料姐妹花"则因带上了"塑料"二字，被赋予了更复杂的内涵。塑料制品在质量和质感上的劣势为"塑料"一词带来了贬义色彩：塑料因为价格便宜在生活中常常被用作偷工减料、以次充好的替代品, 有不是真材实料的含义, 如"我在天桥上把手机借给了个老头, 却被调包成了塑料模型机, 真让人哭笑不得"。另外, 塑料制品在质感上与金属、实木等材质相比显得很便宜很低档, 由此也有差的、次等的意思, 如江西、湖南一带习惯把不标准的普通话称为"塑料普通话"。这种带有口音的普通话是江西人和湖南人在方言影响下尽力将语音调整为最接近普通话状态的结果, 但仍让人感觉别扭, 往往被贴上"塑普"的标签。

"塑料"在使用过程中逐渐形容词化, 由其本身的材料特征引申出诸如"假""次等"这样的性质意义, 与"姐妹花"一词组合, 从而把对虚伪友情的复杂描述集合于一词, 为困于复杂人际关系的年轻人提供了一种简约、新鲜、诙谐的吐槽表达。

除了"塑料姐妹花"之外, "塑料"还有丰富的组合形式。例如, 在女朋友生气时淡定地转身打游戏的"塑料男朋友"、年节串门也不忘炫富的"塑料亲戚", 爸妈总觉得别人家的孩子什么都好, 和自家孩子之间却只剩"塑料亲情"。甚至在"塑料"一词的基础上还产生了"聚乙烯朋友"这类以陌生化方式创造幽默效果的组合。

"塑料姐妹花"等多样的词语组合以具体可感的塑料制品转喻抽象复杂的人际关系, 表达了年轻人对碍于面子而不得不维持虚假感情的无奈, 再现了他们时常怀疑自己"可能交了个假朋友"的社交焦虑。实际上, 让友谊的巨轮扬帆远航并不难, 多一些坦诚, 少一些"套路", 真朋友多了, 也就不必为"塑料姐妹花"和"塑料兄弟情"而焦虑啦!

花式说"侠"

李佳琪

你是否看过这类带"侠"的标题:

巴西清洁工扮蜘蛛侠与病童有爱互动

吴青峰再发文痛斥键盘侠:不要对别人的事指手画脚

如今,网络上各式各样的"侠"层出不穷,你是为此感到眼花缭乱、不知所云,还是早已投身花式说"侠"的网络浪潮之中了呢?你又是否注意到了各路"侠者"之间的区别呢?

"侠",古已有之,本指有武艺、见义勇为、舍己为人的人,以"侠"为词根就构成了各路"侠者"。其中好交游、闯四方的叫"游侠",处事豪迈不羁的叫"豪侠",精通剑术的叫"剑侠",文化水平高的叫"儒侠"……于是"侠"也用来称呼这类人的精神、性格和行为,如侠骨、侠义等。

近年来随着一系列国外"超级英雄"的动漫作品传入中国,"侠"字被广泛使用于人名翻译,指的是这类漫画和电影中拥有超能力、能够除暴安良、维护正义和平的虚拟英雄角色。如一袭黑袍的蝙蝠侠(Batman),靠着蛛丝飞檐走壁的蜘蛛侠(Spider Man),全身铠甲武装的钢铁侠(Iron Man),号称"世界上最快的人"的闪电侠(The Flash),等等。这类"侠"依靠超能力对抗恶势力、维护社会秩序,可以说是他们的特殊身份赋予他们的责任,这就与"侠"本义强调的个人自发性的见义勇为、舍己为人的行为有所区别,说明"侠"的语义已经发生了轻微虚化,呈现出类词缀化的趋势。

如今,一批"新侠"又在网络上冒泡。"究竟是谁烧了阿房宫:项羽竟真的是背锅侠吗?"那些为他人承担过错的人被戏称为"背锅侠"。"美媒:中国不要洋垃圾,日本或当接盘侠。"那些被迫接受别人留下的烂摊子的人被调侃为"接盘侠"。"当键盘侠走上街头:公益广告斥网络欺凌呼唤同理心。""键盘侠"用来讽刺那些实际上胆小怕事、无所作为但在网络上恶意攻击他人以抒发"个人正义感"的人群……在这些新词里,"侠"可以用来指具有正义感、慷慨奉献精神等特点的人,但往往带有调侃或反讽的意味。至此,"侠"的意义进一步虚化,语义更为概括,适用范围更广。但相较其本义,依然保留了行为的正义感、慷慨性等实在内涵,尽管大多表现为戏谑和讽刺的语体色彩。

在这些新词中,"侠"始终后置,定位性极强,多与双音节词构成"××侠",是构成名词的标志。如"背锅"和"键盘",前者是动词,后者是名词,但最终成词都是名词性的。我们可以看到"侠"的类词缀程度正在不断加深。我们甚至可以大胆预测,未来会有更多的"侠者"涌现,并且因为满足了人们表达复杂感情的需要,其戏谑嘲讽的贬义色彩可能会进一步强化。哪路"侠者"能够再一次在网络的江湖上掀起风浪?让我们拭目以待!

粉丝与饭圈

"圈粉"与"被圈粉"

张珍

　　近来,"圈粉"这个词颇为流行,我们经常可以看到这样的表达:

　　"这家店真好吃,我被实力圈粉了!"

　　"青岛啤酒全球范围圈粉,已成为醒目的中国名片。"

　　那么,"圈粉"到底是什么意思呢?

　　在网络语言中,"圈粉"最初的意思就是吸引粉丝,比如"快速圈粉攻略"说的就是迅速扩大粉丝群的指导方案。这个用法的流行与社交平台的兴旺有密切关联。在微博、知乎等一些社交平台上,粉丝数量就是一个发布者身份和地位的标志,因而"圈粉"就成了必须要关注的事情。

　　由"吸引粉丝"的动词意义加以引申,"圈粉"也引申出了"受欢迎、惹人喜爱"等形容词意义。明星是最受粉丝喜爱的群体,因此"圈粉"的形容词用法最早在追星群体中出现,常用来表示某个明星非常受欢迎,含有一种褒扬和称赞的语气,比如:"赵丽颖笑起来太圈粉了!"在语义转化之后,伴随着频繁使用,"圈粉"的主体也逐渐扩大,从明星扩展到日常生活中的任何有突出优点或吸引力的人,比如:"张老师讲课真风趣,太圈粉了!"在这个意义上,"圈粉"就是用来表现对强者的崇拜和喜爱。随着语义的进一步泛化,"圈粉"的对象也渐渐跳出了人的局限，一些无生命的事物也可以"圈粉"了，比如"这家奶茶店又出来圈粉了""这个新口味的披萨太圈粉了"。

与"圈粉"相对应，还有一个"被圈粉"，表示的是成为粉丝、被吸引的意思。在网络语言里，"被圈粉"的表达似乎更为常见。这是因为，我们很难想象某个明星或品牌会经常说自己非常"圈粉"，往往正是那些"被圈粉"的人出于表达和分享情感的需要，才会经常说出"被圈粉"这样的句子。与一般化的词语"喜爱"不同，"被圈粉"往往表示认识状态的改变，从不喜爱变为喜爱，或者有情感加深的意味，如"以前从来不喜欢看韩剧，哭哭啼啼的，一点意思也没有，但看了《太阳的后裔》后，我就被圈粉了"。

在意义不断引申的同时，"圈粉"与"被圈粉"也产生了一些固定的搭配。比如"实力圈粉"就表示非常受欢迎，强调依靠自身的能力而非炒作来吸引粉丝。类似的词语还有"圈粉无数"，主要强调吸引的粉丝数量多。同时，我们也注意到一些与"圈粉"组成很相似的词语，比如"吸粉"。"吸粉"也是吸引粉丝的意思，不过"吸粉"的主动性更强，因而我们很难说"被吸粉"。与"圈粉"相对的词有"掉粉"，即粉丝数量减少。与"被圈粉"相对的是"脱粉"，这个词往往表示主动脱离粉丝群体，表示不再喜欢的意思。

通过以上的讨论，我们可以知道，"圈粉"所反映出来的不只是一种追星文化，还是一种开放积极的态度。通过这个词，我们可以尽情地表达和分享自己对于一些人或事物的喜爱和推崇，而这或许也是我们的一种心理需要。

"饭"之新解

李心怡

　　"饭"这个司空见惯的词，最近又出了新意。例如，"饭圈""新饭"这些词看起来应该跟吃饭有关，然而它们却跟米饭毫无关系。举几个例子，如"唯王源的到底是老饭还是新饭？"解释为"只喜欢王源的粉丝到底是老粉丝还是新粉丝？"又如"我是年级所有老师的团饭，你们这些班主任的唯饭怎么会懂？"解释为"我喜欢年级里所有老师，你们这些只喜欢班主任的人怎么会懂？"以此类推，音饭、颜饭就是只喜欢偶像声音、容貌的粉丝，屏幕饭就是指只能在电脑、手机屏幕上见到偶像的粉丝。

　　看到这里，读者不禁会问，"饭"看来就是粉丝的意思嘛，那为什么有了粉丝还要用饭呢？首先要解释的是，饭和粉丝实则都来源于英语的"fans"，主要用来指某个人或者某种事物的崇拜者。但英文的普及让越来越多的人知道"s"是复数名词的词尾，"fans"（粉丝）指的是喜欢这个明星的整个群体。而在个人主义化的社会趋势推动下，喜欢明星的人都逐渐想要一个自己的称谓，于是，"fan"这个单数名词就此进入大众视野。

　　为什么"fan"音译成"饭"而不是"范""犯"或者是"泛"呢？这可能要从饭本身的意思讲起。米饭是"每天要吃的东西"，而偶像正是追星者每天需要关注的事: 每天要定点刷偶像的个人微博、官方贴吧等以便能及时看到更新通告, 定时购买偶像的专辑或者海报。这些事情就像日常吃饭一样, 对于追星者来说是每天的必做之事。甚至, 偶像也可以说是粉丝的精神食粮, 选择了一个好的偶像, 粉丝便可以在任何沮丧的时候都振作起来。

那"饭"又跟原来的"迷"有什么区别呢? 现如今提倡理智追星, 显现出追星族自身的素质涵养在不断提升, 因此用"迷"这个非理智的词不能体现出这种理性转变。并且, 大家也渐渐有了这样的身份认知——偶像是靠许许多多的追星族养活的, 唯有粉丝支持、专辑大卖或者电影上座率高, 偶像的收入才会提高。因此网上已经有了"你我本无缘, 全靠我花钱"的戏谑言论, 相当于认为粉丝才是给偶像管饭的人, 这也更促成了网络上用"饭"来称呼追星族的用法。其实, 现在也不仅是花钱才能养活偶像, 随着网络的飞速发展, 许多粉丝的专业技艺在追星一途上也有了用武之地, 懂网络技术的为偶像制作官方网站, 擅长绘画的为偶像制作卡通插画吸引人气, 文笔好的则在网上写文大唱赞歌, 就算什么都不会也可以通过网络跟帖或现场加油呐喊来贡献自己的力量。这与传统意义上的粉丝已经有了很大的不同, 偶像不再是被瞻仰欣赏的高高在上的存在, 也是需要大家帮助支持才能生活得更好的"活人"。正因如此, 粉丝自称为"饭"更能体现出自豪的心情。

"饭"的用法起源于影视文化圈, 是一种社区"行话", 若不是有人解释, 大多数人并不能理解其意, 然而这些"行话"随着使用人数的增长和使用范围的扩大而被用于日常生活中, 例如: "像我们这种透明饭哪里敢在开班会的时候跟帖呀? ""咱班主任是在给'五年高考三年模拟'圈饭吗? ""这里是刘总的饭圈, 其他老总的散饭请自行退散。"同时, 其用法的能产性也非常高, 如: 僵尸饭、身体饭、中饭、韩饭、技术饭、散饭、脱饭……越来越多的人开始了解这些词语的意义以及使用方法, "饭"已经成为社会流行语。

"饭", 它不是一个简单的音译词, 而是一个音译与意译结合的词, 是随着网民心理以及娱乐圈发展形势而出现的词, 体现了大众和偶像之间互相需要的积极意义。

"迷妹"之谜

张宇阳

　　"迷妹"，一个活跃在各种网络语境并正在向日常生活蔓延的词，最广义的解释是"粉丝 (fans)"。不知从何时起，还没有从"粉丝"这一说法中回过神来的人们蓦然发现自己已经陷入了"迷妹"的重重包围。"迷妹"无所不在，甚至比"粉丝"更多了一层压迫感。那么"迷妹"究竟有何新意呢？

　　最早被称为"迷妹"的可能是一位五月天的歌迷，她在网上说："喜欢五月天，是追逐主唱阿信那张日系少年的颜。"即便这位女性歌迷只是真切地表达了她独特的追星体验，但网友还是认为她只是一味地迷恋歌手外貌，忽视歌手作品，无法为其不理智的追星行为辩护，"粉丝"已不足以形容其痴迷，于是新创作了一个"迷妹"来称呼她。

　　逐渐地，"迷妹"成为追男明星的女粉丝的自称，她们往往把偶像当作自己的"男神"，且绝大多数痴迷于男神的外表，这种自称恰恰能凸显她们对于偶像的无限热爱。这时候的"迷妹"在大众眼中与粉丝并没有多大差别，只是特指女性而已。

　　随着诸多网络风波的产生，许多粉丝群体为了维护自己的偶像，在网络上发文、站队，甚至引发激战，而感性的女粉丝更是一马当先。《乌合之众》中曾说过："聚集成群的人，他们的感情和思想全都采取同一个方向，他们的自觉的个性消失了，形成了一种集体心理。"这些粉丝往往顶着"迷妹"的称号，表现出自己的疯狂热情，部分不够理智者更是陷入痴魔的境地。经过多次此类事件，"迷妹"在网友眼中便逐渐变成了"为了男神迷失自我的妹子"。当"迷妹"成为一类特殊的群体，这个词在集体意义上获得了贬义色彩，女性的感性放大了群体的缺点，同时也使得"迷妹"表述的内涵超越了"女性粉丝"，开始走进公众视野。

其后，发源于追星文化的"迷妹"又开始不断泛化，扩展了自己的使用范围，对于老师、专家甚至同龄人，只要他们有一技之长，就会有大批"迷妹"自动尾随。这样的话语频繁出现，如"全运会奇观：张继科'迷妹'统治体育馆""真迷妹——老师安利的洗衣粉我都买了""化身学霸同学小迷妹"。于是衡量某人专业技能是否过硬的方法之一就是统计其"迷妹"的数量，也就是说，"迷妹"成群变成了通往成功的必由之路。

蔓延到各种生活领域的"迷妹"群，也消散了之前"迷狂"的意义，蜕变为简单意义上的"喜欢"，不论是日常用品还是生活场景，足够吸引人就能引来众多的"迷妹"。最终，对于任一方面的精益求精变成"迷妹"为之痴迷的根本点，"迷妹"俨然成为对"专业技能"的高境界有追求、有理想的新群体。她们在为社会发展、人类进步不断摇旗呐喊，给人以鼓励和支持。

认清"流量"真面目

徐婷

过去看一个明星艺人"红"的程度，取决于他的歌唱作品或影视作品的流行度和作品销售额，而在如今的互联网大数据时代下，即使没有出色的代表作，只要能带来巨大的"流量"，一样能进入大众视线，成为商业活动、娱乐传媒的"座上客"。

流量原是物理学名词，指单位时间内流经封闭管道或明渠有效截面的流体量。随着手机上网技术的发展，"流量"也用来指手机的移动数据。而目前网络上常说的"流量"是指网站的访问量，用来描述访问一个网站的用户数量以及用户所浏览的网页数量等指标，常用的统计指标包括网站的独立用户数量、总用户数量、网页浏览数量、每个用户的页面浏览数量、用户在网站的平均停留时间等。

随着"流量"而出现的流行词语有"流量IP""流量担当""流量话题"等等。如今影视圈、游戏圈、文学圈无不觊觎"流量IP"。所谓"IP"，就是"知识财产"（Intellectual Property），目前多指适合二次或多次改编开发的网络文学、游戏动漫等。国内影视界近年来被一大批IP持续席卷，如《盗墓笔记》《花千骨》《琅琊榜》《微微一笑很倾城》，其背后是成千上万的狂热粉丝和他们不容小觑的消费能力。

　　"流量担当"则是指能带来网站访问量的明星或者偶像。"流量担当"的走红仰仗于互联网时代下传统行业的边界被打破，娱乐圈和互联网圈结合得越来越紧密。这些"流量担当"一开始受到一部分青少年的喜爱，后来随着出众的样貌，加上公司团队的经营运作，粉丝效应的传播，使得他们在年轻人当中拥有了高知名度。早在几年前，就有明星凭借微博上"最多评论的博文""转发最多的一条微博信息"创下吉尼斯世界纪录。传统的音像制品的销量和电影票房已经不够表现人气，微博转发评论量、微信公众号阅读量、百度搜索指数、豆瓣评分等互联网大数据成为明星或者影视作品的人气指数的重要参考。

　　而巨大的流量背后，又涉及代言、演出等商业活动的资源分配，因此在互联网上"炒热度"成为如今明星宣传活动的方式之一。"炒热度"即通过炒作某一话题，来获得热度，带动流量，是一种营销推广手段。如微博的"热搜"排行榜反映了最近时间段内最热门、点击率最高的话题，有些营销团队就通过"买热搜""请水军"的方式出现在排行榜上，增加流量。

　　不仅娱乐圈与互联网紧密结合，餐饮行业、时尚行业、金融行业等传统线下行业也开始与互联网结合，打造出了"网红餐厅""网红服装"等。通过微信公众号、微博等社交平台，在推广标题中加入热度词，在内容中涉及"流量话题"，不用花多大力气就能吸引大众眼球，打造免费广告。这种"抢镜"的行为就是"蹭热度"。在自媒体时代，个人也会通过原创内容，如在社交平台发表关于对"人工智能""二孩政策""网约车"等"流量话题"的观点和看法，来提升自我关注度。

越来越多的"流量担当"走入大众媒体，有着"高起点"身份的他们面临的是更严格的评价和巨大的争议，娱乐行业的投资者和大众开始考量这些"流量担当"真正的实力和潜力。而餐饮业的"网红餐厅"，在网络上以高格调的照片和精美的点评文案高调宣传，却在现实中连连被曝光食品安全问题。

在蹭"流量话题"的热度时，也需要有所选择，不能盲目跟风。如果触及时政类、灾难类话题，就更要慎重。如靠"××明星妻子出轨"话题借势营销同款眼镜、同款车、理财产品等，用这样的热点给自己和商品贴金，虽说不触及法律底线，但落井下石的姿态令人反感，更有甚者违背的是社会公序良俗，挑战的是社会公德。他们是真的"流量担当"还是通过"炒热度"获利，还需要网民们擦亮双眼。

这口"糖"甜不甜

余琪

　　糖，是家庭生活中必不可缺的厨房调味品，也是老少咸宜的休闲小零食。有趣好玩的泡泡糖，色彩鲜艳的波板糖，以及童年记忆中想起来就要流口水的糖葫芦外面那一层晶莹剔透的冰糖，无不给人以甜蜜的舌尖体验和幸福愉悦的心理感受。近年来，一种崭新的与糖有关的表达在网络上盛行，年轻的小姑娘们兴奋地把"快看！某某和某某发糖了！好甜啊！"挂在嘴边，引得旁观者云里雾里——这是哪里来的糖？又是怎么吃进嘴里的呢？

　　实际上，这里的"糖"已经不再是以实物状态存在的糖了。热爱追星的粉丝聚集在网络空间，用"糖"来指称人物之间温馨的场景或是甜蜜的互动："发糖"是明星们主动向粉丝展示彼此之间亲密的关系；"撒糖"则是"发糖"的进阶版本，形容明星们在短时间内呈现许多粉丝喜闻乐见的行为举止，仿佛是婚礼上新人们向八方宾客撒糖一般；"吃糖"则更为形象地指称粉丝观看或欣赏的过程。

　　探寻"糖"这一网络表达的产生机制，主要是基于糖的味觉体验与温馨场景的情感体验在心理上的共通性。糖因其甜蜜的味道以及可爱的外观而给人以愉悦、开心的感觉。粉丝也常常会把他们喜爱的并且认为很般配的明星人物凑成一对，他们之间亲昵的互动满足了粉丝对人物之间关系的美好想象。这种情感关系恰好与糖这一调味品给人带来的甜蜜感觉吻合，于是食品中朴素的糖摇身一变，凭借衍生意义在网络平台上流行开来。

由糖出发，我们在网络空间可以看到很多与糖相关的表达。在实际生活中，人们吃了糖所产生的生理感觉是甜，网民们将这个生理感受移植到心理上来表达一种愉悦开心的感情，把观看明星发"糖"的感觉形容为"甜"，如："某某和某某昨天牵手了，好甜！"将"甜"的程度再加深，如同吃了太多糖后喉咙不舒服的感觉，粉丝把这样的情形称为"齁"，如果拥抱可以称为"甜"的话，那么比拥抱更为亲密的行为——亲吻就可以形容为"齁"。当然"糖"也不仅仅只能用来形容亲密的互动，"糖里有玻璃渣"是网民们对"糖词汇家族"具有创造性的发明。当粉丝曾经以为两个人物之间关系非常近，但后来突然发现他们的关系并没有想象中的那么好，就仿佛在吃糖的时候突然咬到了玻璃渣，剐破了嘴，疼的同时还有糖果遗留的甜味，这用来形容粉丝从高峰跌入谷底的复杂心情再合适不过了。

"糖"这一表达在瞬息万变、喜新厌旧的网络用语领域中已经流行了很久，并且还有继续成为"网红"的潜质。究其原因，一方面，在"糖"流行之前，粉丝并没有什么用来形容人物间亲密互动的较为精简的词语，而"糖"一个字就可以涵盖人物间互动的甜蜜以及粉丝内心愉悦欢快的感情，生动形象且精简实用。另外，粉丝对"糖"

这一表达的热爱与粉丝本身的特性有关，符合追星的年轻人单纯天真的心理。粉丝所喜欢和热爱的正是明星偶像们人为地创造出的梦想乌托邦，这就如同给孩子们的糖果和童话，甜蜜而虚幻。粉丝热衷于使用"糖"这个词，说明他们对这种追星的本质也有所自知，却宁愿沉溺于其中，做一场美梦。

所以，当再有人说"发糖"的时候，可不要傻傻地伸出手等待。也许，这是一颗只能用眼睛去品味的梦幻糖果。

不一样的"苏"

姜欣幸

"宋仲基这新剧造型简直苏爆了!"

"我要找一个很苏很苏的名字。"

"张继科笑容太苏!"

"苏"这个字不知道从何时起改头换面,一跃变成了网络潮语,用来描述小说人物、电视剧剧情甚至明星的某个表情等等。若不了解这个字的"前世今生",恐怕面对旧瓶装新酒的它只能垂手静默不知所云了。

"苏"来源于"玛丽苏"。20世纪60年代,科幻影视系列片《星际迷航》陆续播出之后大受欢迎,一个叫保拉·史密斯的人利用该片的背景和情节设定,戏作了一篇同名的小说,创造了一个全新的女主角玛丽苏(Mary Sue)。她美丽性感,是小说中所有男性的梦中情人,并且无所不能,靠自己的才能拯救了全人类。她聪明却不骄傲,美貌而又圣洁,在拯救了全人类之后不幸香消玉殒。从此以后,市面上涌现了无数类似的作品,这些作品无一例外,都有一个万能主角。这样的作品从一个侧面反映出作者本人的自恋心态——想象出一个完美无缺、光彩夺目的角色作为自己的替身,在虚拟世界里所向披靡、倾倒众生。

自此,"玛丽苏"不再是一个人名,它开始用来形容具有类似万能女主角的作品,与此相对还出现了男主角万能的小说——"汤姆苏"。后来为了描述方便,人们把这类作品统称为"苏"文,同时也将那种想象自己得天独厚、无所不能的自恋心态统一简称为"苏"。

在中国网文界,"苏"文也是一个常见的类型,改编为电视剧的网络小说《步步惊心》讲述了一个女子穿越到清朝之后被所有阿哥仰慕的故事,就是"玛丽苏"的一个代表。

显而易见,"苏"在一开始代表着自恋的心态和无边际的幻想,并非一个褒义词。而从目前对"苏"的使用情况可以看出,它已经不再是自己原本的意思。比如开篇的例子:"宋仲基这新剧造型简直苏爆了!"此处的"苏"明显是个褒义词,代表说话者认为演员宋仲基在新剧中的造型特别有吸引力。

那么"苏"从贬义到褒义,经历了怎样的过程呢?

不难发现,现在的"苏"的意义其实是借自玛丽苏作品中成千上万个主角的典型特征:没有不足之处,广为身边人所喜爱,带有梦幻色彩,美得不像真的,等等。比如"张继科笑容太苏",其中的"苏"便是形容张继科的笑容好看又迷人;"我要找一个很苏很苏的名字",就是指说话人想找一个非常具有梦幻色彩的名字。

随着使用范围的扩大,"苏"的意义也有了进一步的泛化。比如"求推荐一部很苏的小说",这里的"苏",既不是指"玛丽苏文"或者"苏文",也不是指广为大家喜爱或者带有梦幻色彩的小说,而是指男女主角进行甜蜜互动的小说。再比如一条娱乐新闻的标题

"陈晓花式拥吻陈妍希，这样的接吻方式苏炸了"，其中的"苏"更是暗含了宠溺、惹人羡慕等多层不同的意思。

"苏"之所以被广泛使用，首先因为形式简单，只用一个字，就可以表达很多层不同的意思，大大节省了表达成本。其次，它是一个新鲜词，用在网民的相互交流中能起到"一句顶一万句"的效果。从目前的发展趋势来看，网友们还有向"苏"中注入更多意义的倾向。如果这种表达方式固定下来，"苏"有可能会成为一个用来表达很多种意思的万能形容词。

以丑之名超越帅

马一扬

　　物质社会高速发展，当大众沉醉于明星们的帅气脸庞时，一种特殊类型的演员悄然出现。与一般明星不同的是，他们并不是靠大众的"一见钟情"而得到赏识，大多数观众第一反应是"他很丑"，但随着时间的推移，他们因独特的脾气与性格或者是出众的身材与轮廓而备受大众青睐，越看就越觉得帅气。与此同时，"丑帅"这样一个网络新词，也悄然出现在了我们的生活中。

　　但是，我们依然会有很多疑问，"丑帅"到底是什么意思呢？它到底是形容丑还是帅？我们在生活中又该如何使用它？带着疑惑与好奇，让我们一起走近"丑帅"这个网络新词。

　　"丑帅"一词最早诞生于法国，浪漫的法国人创造出了一个名为Jolie Laide的词。Jolie指美，Laide义为丑，直译是"长得很丑的美女"。原指女性不需要很漂亮，但是有一种游离于世俗传统、非常规但耐看的美。随后，该词逐渐被各个国家翻译运用，并且描述对象也逐渐向男性靠拢，汉语中也诞生了一个新词——丑帅。

　　我们来看看世界各国以"丑帅"而扬名的演员们吧！

　　在韩国，韩语"丑帅"原先是专门用来形容电视剧《继承者们》里的演员金宇彬，他饰演的男二号崔英道不走寻常路，既不温柔也不体贴，霸道又孩子气，一反韩剧经典的苦情路线。该剧刚播出，观众诧异怎么选了这么丑的男二，但随着剧情发展，观众渐渐被角色吸引，也喜欢上了这个角色。

英国电视剧《神探夏洛克》热播，其中扮演卷福的演员本尼迪克特·康伯巴奇身材修长消瘦，狭长的面孔上顶着一头浓密的乱发。但是，他呆萌和精明兼备的眼睛能根据需要表现出智慧、热忱或狂躁，完美地塑造了夏洛克·福尔摩斯这一个高智商侦探的角色。他也因此开创了英国大众审美里的"丑帅"角色。

而在中国，《爸爸去哪儿》中的嘉宾张亮并没有大众传统审美观所要求的那种帅气脸庞。节目播出前，他的知名度仅限于时尚圈。但是在节目播出后，张亮父子成功逆袭，人气居高不下。他的长相并不抢眼，但却有着强大的气场和数不过来的优点：教育孩子有一套、服装时尚会搭配、烧得一手好菜等等。张亮通过走气质路线征服了万千粉丝，也使"丑帅"一词在中国兴起。

那什么样的人才能称得上丑帅呢？要满足"三好"标准。

第一要"身材好"。丑帅男虽然长相不必特别出众，但对于身材的要求是十分严格的。他们必须拥有健硕的身材，八块腹肌尤其是他们吸粉（增加粉丝）的利器。

第二要"演技好"。观众喜欢丑帅男很大程度上是由于他们的高超演技而产生了强烈的代入感。在这个"看脸的世界"，一份好演技可以让观众们暂时忽略掉"颜值"，而把关注的焦点放在演员的演技上。

第三要"气场好"。男人的相貌在"综合评分"中所占的比重并不那么大,气质、衣着、品位,甚至会不会做家务,都能明显地影响"综合评分"。在观众们的认知中,演员的气场反映的是其生活品质和自我修养。

综上所述,"丑帅"一词正在经历一个不断被大众理解、接受并运用的过程,它在一定程度上反映了现代大众审美观的一个变化:观众对明星的审美,不再是肤浅地停留在相貌层面,而是多了些对内在的看重。随着众多帅哥美女的频繁出现,大众的审美也逐渐进入一个疲劳期。男二号或许没有男主角那么显眼,但是"丑帅"这一特点会帮助他们给观众留下深刻印象。当今粉丝对于偶像的需求也有了转变——偶像不需要高高在上,不需要从里到外的完美,需要的是真实和品位。让我们一起以"丑"之名超越帅吧!

闲话"男友力"

陈迨雪

近几个月来，广大网民共同见证了一股新兴力量的飞速崛起。在网络平台上，这种力量不仅攻陷了众多媒体的版面，更是吸引了数以万计的目光聚焦。这股具有神奇魅力的力量就是——男友力！在百度搜索引擎上以"男友力"为关键词进行检索，检索结果竟然可达753万条！与"男友力"形式相仿的其他网络热词如"时尚力""女友力"等也有百万条搜索记录。从这些令人咋舌的数字中我们不难感受到"××力"的用词热潮。下面举一些简单的例子：

"男友力教程"火了，然而作者是个女孩

陈坤"爸爸力"爆棚，为儿子想换工作

刘诗诗优雅出席活动，亮蓝色镜框时尚力MAX

从这些例子中我们可以发现网络新词"××力"都是由一个比较常见的双音节词和附加成分"力"结合而成一个"2+1"格式的词。这种词语格式在汉语日常规范用例中已比较常见，比如"影响力""亲和力""凝聚力"和"杀伤力"等。不过两种语境中的"××力"还是存在显著差异的。日常用语"××力"中的修饰成分"××"多是由动词充当，除了上述例子中的"影响""凝聚""杀伤"，还有"号召""诱惑"等。而网络新词"××力"的修饰成分"××"则

主要是名词,比如"男友""暖男""时尚""爸爸"等。网络用语中的"××力"表达源于日语中的"女子力"(じょしりょく)。"女子力"这个汉语表述是直译:"じょ"——"女","し"——"子","りょく"——"力"。日语中"女子力"一词指的是女性的魅力指数。由此可见,网络新词"××力"是由外国原料进口至国内后经过本土化加工改造而生成的产品。

　　和日语中用"女子力"描摹女性特征的用法相似,"××力"在网络语言中主要也是被标签化使用,是对人物某一方面特征明显的属性进行标注和突出。比如"Kimi变身暖男给弟弟念故事书,哥哥力MAX"中,"哥哥力"的具体指向就是对比自己年幼的同伴表现出比较亲密的疼爱、照顾的姿态和行为。又如"2015'维多利亚的秘密'回到纽约,超模们的时尚力MAX"中的"时尚力",具体指向是这些超模凭借高挑身材、精致妆容以及设计精美而前卫的服装所散发出的时尚靓丽气息。还有"这些爱情故事的女主角集合在一起,就是一部提升妹子'女友力'的教科书"中的"女友力",具体指向则是指女性身上表露出的 具有典型女性气质并对男性产生相当吸引力的特质。不难发现,"××力"所描画的这个特质通常倾向于正面、积极,指向的都是具有褒义色彩的特质。也就是说,人们在网络语境中使用"××力"的时候,往往是出于对某个人物身上一种惹人注目、值得称道的特质的肯定和赞赏。因为"××力"中的修饰成分"××"本身已经具有比较丰富的内蕴了,比如"男友"往往包含了强壮勇敢、体贴温柔等多方面意义,所以"××力"具有比较全面、强大的表达力和解释力。

　　"男友力"是"××力"这个格式的网络新词中最具代表性的用例，而根据对"男友力"在网络语境中的具体使用范围的分析，我们发现其在网络娱乐新闻标题中的使用之广泛令人瞩目。一方面，娱乐新闻标题经常对明星人物的举止行为加以主观性较强的描画，以此作为新闻的"爆料点"吸引读者的眼光；另一方面，网络新闻由于版面设置的原因对标题格外看重，故网络标题青睐具有趣味性、新奇性的词语。"男友力"等"××力"格式的网络新词恰好能够对明星人物的定向特征进行直观明确的定位，从而满足娱乐新闻受众的猎奇心理和趣味阅读需求。"××力"在网络娱乐新闻标题中的广泛应用便归因于此。

　　随着信息技术的快速发展和广泛传播，网络俨然成为大众不可或缺的生活空间。我们有理由相信在网络这个神奇的语言容器中，更多新奇独特的词语会不断涌现。

"吃瓜"和围观

祝早

　　"不明真相的吃瓜群众""我在吃瓜我不知道",诸如此类网络用语层出不穷。为什么人人都热衷于"吃瓜"?

　　在网络语言中,"吃瓜"表示对事情不甚了解,因而只做旁观者,持围观态度。其实,"吃瓜"吃的也并不是"瓜",而是"瓜子"。"吃瓜"最初来自"前排出售瓜子"的说法,是网络论坛"占楼"文化的产物。论坛上把发帖回帖比喻为造楼房,发帖的是"一楼",第一个回帖的就是"二楼",然后是"三楼""四楼"……所谓"占楼",就是网友们在有潜力的帖子刚刚发布时争先回复,以便帖子火了后自己也能得到大家的关注。"占楼"文化造就的最红流行语就是"抢沙发",因为"二楼"是第一个回帖的,位置最好,因此被比喻为"沙发",以此类推,抢到三楼就是"坐板凳",接下来四楼就只能"坐地板"了。此后发帖的楼主们为了吸引网友观看自己的帖子就想出了"前排出售瓜子"这样的说法。但光售卖还不行,买了还得吃,于是围观的网友发出了"板凳瓜子可乐已备好,坐等大神直播"的呼喊,简而言之就是"前排吃瓜子"。为了加快输入速度,"瓜子"的"子"慢慢不见了,省略成了"前排吃瓜",并且进一步简化为"吃瓜"。

　　因为"吃瓜"的都是看热闹的普通网友,"吃瓜"又与之前已经较为流行的"不明真相的群众"结合，变成"不明真相的吃瓜群众"，当下最热的"吃瓜群众"也正来源于此。因为"吃瓜群众"的流行，一段时间内，"吃瓜"几乎被用作定语，单独使用作谓语的情况反而比较少见。但随着词语的流行，"吃瓜"自身有所发展，发展出"吃面、吃饼、喝水、啃鸡腿"等有关"吃"的变体。随之"吃瓜"也独立出来，等同于"围观"，可以单用作谓语了，例如"你们不要老是吃瓜，也要采取点行动"。"吃瓜"作为旧词就此产生了新义。那么广大网友为什么会选择"吃瓜"来表示"围观"的意思？也许我们可以追溯到中国自古以来的瓜子文化。一群观众喝着茶，嗑着瓜子，围坐在一起看戏，多么悠闲自在！

有人批评"吃瓜"显现出一种事不关己、没有责任心的冷漠，在对待公众事件时，这简直就成了鲁迅笔下"看客"的现代版化身。这当然是有道理的，不过在今天这个繁杂混乱的信息时代中，安安静静地"吃瓜"也有其可取的一面。"吃瓜群众"就像一种隐形的力量，虽然有时缺乏担当而默不作声，有时缺乏主见而人云亦云，但有时也是一种无言的监督，默默审视着周遭的一切。吃瓜群众数量之庞大使得"吃瓜"的力量不容小觑，已经成为网络中一股特殊的舆论力量。不过，这力量能救人亦能害人，如果我们盲目跟风、听信一面之词，那极有可能对无辜的人造成难以想象的伤害。所以，我们还是要在"吃瓜"围观时加入一点理性思考，在真相未明时不随意发表自己的意见，"让子弹先飞一会儿"，待到尘埃落定时再对事件作出理性判断，为正义方发声。

"人设"该不该有

邵瑞祥

　　"人设"是"人物设定"的缩略语,原本指漫画、动画等领域中对登场角色的人物设计,包括外貌、造型、身材、服饰等,更重要的还有角色的性格特征、个性特点等。简单来说"人设"就是设定角色是怎样的一个形象。"人设"一词在2016年左右开始出现,在2017年作为网络热词被人们熟知并广泛运用,"靳东人设崩塌""薛之谦深情人设"等高搜索关键词记录的都是大家津津乐道的娱乐事件。

　　现在作为网络流行语的"人设"大多是指公众人物在大众面前设定的形象,如吃货人设、女汉子人设、老干部人设等。从"人设"还衍生出许多与之相关的网络流行语。比如:

　　立/凹人设——树立某种形象。

　　卖人设——通过作品、宣传、爆料等手段,在现实中树立一个受人喜爱的形象,从而带来商业价值。

　　人设崩塌——一方面指人物形象没有设计好,多指经纪人给明星设定的公众形象不到位;另一方面就是指某人的形象因为某件事情而声名俱毁,颠覆了之前留给大家的印象,也被称为"人设崩了"或"人设已崩"等。

　　"人设"的出现是一个很有意思的社会现象。网络的发达、电视电影的表现形式多样化，让更多人尤其是公众人物不再仅限于本职发展，而有了更多途径可以走进大众的视野。有时候人设确实会增加好感，合理运用符合本人特质的人设可以更方便地让受众了解并喜爱自己。从经济方面来说，人设有利于品牌创设和活动推广。运动品牌耐克旗下的代言人多数是迈克尔·乔丹等世界闻名的体育明星及体坛健将。央视推出的大型文博类探索节目《国家宝藏》选择稳重幽默并曾饰演过帝王的张国立来主持，守护宝藏的嘉宾也多数是口碑较好、形象健康的明星，这使得历史文化可以走向更大更年轻的市场。

但是，强立人设终会露出马脚，引起反感。这也反映了群众希望看到更真实的明星形象而非由公司打造出的一个设定。适合并符合自己性格的展示未必不好，但如果不合适自己却硬卖人设终会造成反噬，明星最终还是要靠实力和作品说话。单一的人设无法概括一个人的全貌，作为受众，以人设来给一个人贴标签也是不合适的。

现在，"人设"一词并不仅限于公众人物，人们在生活中也慢慢开始运用这个词，比如："我才不要随随便便就答应这件事，这和我高冷而严谨的人设不符。""这件衣服很适合你御姐的人设。"这种用法出现在一些轻松的语境里。普通人不需要在这么多人面前展示自己，也不可能如虚拟角色一样具有单一或是完美的人设。真实的性格是生活中自然而然显现出来的，不需要设定更无需强立。当然，如果你希望通过设立勤奋的人设来改掉懒惰的习惯，又何尝不是件好事呢？

这波"节奏"带得漂亮

梁星月

　　说起"节奏"一词，大家都不陌生，它最初指音乐的节奏，那首红遍大江南北的《最炫民族风》里就有这么一句歌词"什么样的节奏最呀最摇摆"。之后，它从音乐延伸到生活中的各个领域：生活的忙碌或悠闲叫生活节奏，说话的抑扬顿挫叫话语节奏，就连文学作品的高潮迭起也可以形成影响读者情感的节奏变化。近年来出现的"带节奏"一词，又在网络上掀起了一波新的用法。

　　"带节奏"发源于电子竞技圈，最开始被用于游戏解说，后来逐渐成为多人竞技类游戏的常用术语。由"节奏"到"带节奏"，人的隐喻思维在这里面起了很大作用，无论是音乐节奏还是生活节奏，都表达了一种对于时间的把握，将这个概念抽象出来，用以形容不同时间内游戏的进展过程也是再合适不过的。当虚拟战场的冲锋号角响起，强大的英雄身披铠甲、振臂高呼，身后的队友攻守得当、气势如虹，占尽天时地利人和，便是"带起了一波节奏"。如果选手的表现不佳，解说也会不无遗憾地说一句："这波节奏没有起来呀！"这时的"带节奏"，是对团队里优秀队友技术操作的盛赞，也包含了团队内部的凝聚力和自豪感。

　　随着越来越多的人使用，"带节奏"一词的使用范围也从游戏圈扩展到了其他网络领域，主要有微博和直播间。此时这个词语中所蕴含的关于时间的概念变得模糊，重心几乎完全转移到"带"字上面，使"带节奏"产生了引申意义：在讨论某个话题时，个人或媒体为了追求利益引导舆论走向，模糊事实真相、混淆视听的行为，也被称作"带节奏"。这种行为常见于微博热搜的热评中，在事情的前因后果不是很明确的时候，带节奏的人随便说一个看似合理的观点，就会有人信以为真，然后对事情做出并不合理的评价。大多数情况下这种"节奏"作为茶余饭后的消遣，很快就会失去热度。但有时也会造成很严重的后果，比如德阳女医生自杀一案，就是有人在网上故意发布删减后的视频混淆视听，联合某些微博大V带节奏，最后才导致女医生不堪舆论压力自杀身亡。当然，除了在网络上，我们生活中也可以见到"带节奏"的例子。比如新品发布会上，商家有时会安排几个人装出哄抢的样子，使消费者误以为这种商品知名度很高，并营造一种"不抢就买不到了"的紧迫感。淘宝卖家通过雇用水军来提高好评率，带动消费者来购买商品。这些都是营销中常见的带节奏行为。

此时"带节奏"这个词开始由褒义走向贬义，人们对于蓄意引导自己看法的行为很是反感，屡屡呼喊："不要再带节奏了！"但网友们似乎又难以避免受其影响，因为在反驳带节奏者的同时，他们不知不觉也加入了这波节奏的浪潮中，并为话题提供了热度。网友们容易被"带节奏"，究其原因主要有两点：其一是网络时代信息纷繁复杂，流言蜚语难辨真假；其二是网民的从众心理也为带节奏这种行为推波助澜，追随"主流"带来的安全感使得越来越多的人投身节奏的浪潮当中。随着"带节奏"的流行，它催生出了一系列新的词语，比如形容一个人擅长带节奏，我们可以叫他"节奏大师"，一群人集体带节奏的行为则被称作"组团带节奏"。

可见，"带节奏"一词在电子竞技圈和自媒体平台中扮演着不同的角色，在不同的语境中内涵不尽相同，感情色彩更是迥异。

旧瓶装新酒

"盐系"和"甜系"

王钰

"鱼鲙芥酱调，水葵盐豉絮"，正如唐诗所写的，"盐"是让美食绽放于味蕾的厨房大将。但在今天的网络语言中，"盐"已经不满足于在烹饪界大展身手，而是跃身于网上，成了网络热词——"盐系"的一部分。"盐系"中的"盐"可不是简单的调味品，它被用来形容人或物品的风格和气质。

该词一出现便风靡粉丝界，比如下面的网络标题：

韩国男星中的盐系男子，谁是你的爱？

盐系少年易烊千玺，"高颜值搭配白嫩皮肤"，你心动了吗？

这些标题中的"盐系"被粉丝用来形容自己偶像性格清冷温和。

渐渐地，"盐系"走出粉丝界，除了形容人的气质外，还可以用来形容家居风格。例如：

养心又养眼的"盐系"定制家，你知道吗？

日系装修风格："盐系"style正当红

这种情况下，"盐系"形容家具实用、简约，多半造型简单、线条流畅。

除此之外，它还用来形容穿搭风格。例如：

女孩子走盐系风格要怎么穿搭？

盐系少女穿搭，简约不简单的时髦感！

此时，"盐系"便可以形容那些颇有个性却不花哨、自然而有层次的穿衣搭配。

那么"盐系"到底是什么样子呢？

最初，日系杂志用"盐系男"来形容那些气质清洌、柔和的男生，像盐一样，清新却不寡淡。这类男生，通常具有身材细瘦、喉结突出、嘴唇薄、发型清爽等特征，日常着装以基础纯色为主。之后可以用来形容有相同气质的女生。"盐系"男女的五官并不出众，往往第一眼不会有惊艳之感，但是在相处过后却可以发现他们独特的个人魅力、温和的气质和淡淡的疏离感，让人百看不厌。而当"盐系"用来形容物时，它便是简约、低调风格的代名词。

虽然"盐系"一词来源于日本，但是如果我们细心观察，便会发现，中国古诗中早有以"盐"作喻形容物或人。

李白的《题东溪公幽居》写"客到但知留一醉，盘中只有水晶盐"。陆蓉《菽园杂记》中解释："环庆之墟有盐池，产盐皆方块如骰子，色莹然明彻，盖即所谓水晶盐也。'盘中只有水晶盐'，言无下酒之物，东溪公廉洁可见。"李白以盘中仅有的水晶盐暗喻杜陵贤人高洁清廉的品质。

柴米油盐酱醋茶，都是生活中重要但琐碎的小事，元稹在《开元观闲居酬吴士矩侍御三十韵》中写"思拙惭圭璧，词烦杂米盐"，将自己的诗词比作米盐，便是婉转地表达自己的谦逊，言说自己诗词中多有家常俗语，不及其他诗人的高雅华丽，这也正代表了元稹的诗歌理念。

顾况在《李供奉弹箜篌歌》中以盐味悠悠来形容李凭弹奏箜篌的绵长韵味，"饶盐饶酱五味足，弄调人间不识名"，味蕾感觉延伸至精神层面，让人身临其境。

与"盐系"相对，可爱、甜美、让人有吃到糖果般幸福感的一类人则被形容为"甜系"。影视圈中，粉丝纷纷站队"甜系爱豆"（"爱豆"是英语idol的音译，意为偶像）和"盐系爱豆"，更有甚者称自己偶像性格为"可盐可甜"。但"甜系"并没有像"盐系"一样被广泛引用到其他领域，显见人们对"盐系"风格更感兴趣。

女人好"辣"

邹诗雨

　　"辣妹子辣，辣妹子辣，辣妹子辣妹子辣辣辣……"提到《辣妹子》这首歌，大家都已耳熟能详。湖南、四川、贵州几个省份的女生都被人称为"辣妹子"，这几个地方的女生爱吃辣且能吃辣，当然不会辜负"辣妹子"之名。"辣"的本义是"辣味"，是姜、蒜、辣椒等所带来的刺激性味道，使人感到刺痛和灼热。若是将这样的感觉从生理层面转移到心理层面，则会引申出跟"辣"相关但更为抽象的心理感觉如"热情、犀利、火爆、直率"等等。因此，"辣妹子"这个词不仅被用来形容能吃辣的女生，而且被更多地用来形容暴躁易怒或者热情直率的女生。

　　除了"辣妹子"，我们特别熟悉的另一类女生是"辣妹"。"辣妹"一词来源于英文"spicy girl"的直译。《牛津高阶词典》中"spicy"的两个义项为"有香料味的、辛辣的"和"有刺激性的"。"辣"刺激了人的味蕾，让人身体发热，甚至会脸红、心跳加速，而人们在看到自己喜欢的人或者具有傲人身材的美女时也会出现类似的生理反应。因此"spicy"可以喻指"漂亮的""性感的"，"spicy girl"也就自然指漂亮、身材火辣的女性了。大家熟知的英国球星贝克汉姆的妻子维多利亚曾是流行组合"辣妹"（Spicy Girls）中的一员。这个组合中的五位成员如同她们组合名称一般个个身材高挑性感，迅速火遍了全球各地。随着西方文化的传播以及互联网的兴起，"辣妹"早就在中国流行普及，并且现在已经被大众认可且广泛使用了。

"辣妹"虽已不是一个新鲜词，但与"辣"相关的另一名词开始在网络上出现，并且很快成为一个网络热词，这就是"辣妈"。"辣妈"起初是粉丝对成为母亲之后的维多利亚的昵称，既然已为人母，"辣妹"也就自然升级为"辣妈"了。维多利亚在生产之后迅速恢复体形。后来，许多像明星一样怀孕生产之后迅速恢复体形的普通妈妈也都被网友们称为"辣妈"，体现了新时代妈妈一族的独特魅力。

"辣妈"这一新词的意义也在使用中不断变化。人们不仅仅注意到女性的外在美，而且将目光越来越集中于女性的内在美。"辣妈"的"辣"不再局限于身材"火辣"，更多是指性格上的独立、果敢、大方等特征。"辣妈"表示的是新时代女性形象。她们既能够悉心照顾家庭，也能够在职场上独当一面，她们也更加独立和积极向上，更加敢于追求自己的人生梦想。

从"辣妹子"到"辣妹"再到"辣妈"，我们可以看到在不同的文化与认知背景下，"辣"本身的词义在不断扩大，而与它相关的这几个新兴名词所表现的词汇意义也在不断变化，为我们生动形象地展现了新时期女性的不同形象特征。特别是从"辣妹"到"辣妈"，大众对于女性的审美从单纯的外貌转变成了对女性性格、才华等精神层面的欣赏。"辣妈"一词描绘了自信、独立的成熟女性形象，打破了对已婚女性的刻板印象。

"暖"的不仅是温度

黄佳媛

近年来，"暖男"一词频频进入我们的视野，其使用范围遍布娱乐、体育、生活等诸多领域。以下若干语例均摘自同一天新闻：

皇马硬汉化身暖男，别人在休假他忙着做慈善

曝李晨一年追到范冰冰，被封为世纪暖男

痴情女遭遇"暖男情圣"，如何识别骗财骗色的渣男？

青岛90后暖男手绘漫画，教父亲使用公交查询应用

从这些例子中我们可以发现，"暖男"通常被当作褒义词使用，"暖"用来指善良体贴的性格，这也正是暖男赢得大多数女性青睐的重要因素。

2014年底，脱口秀主持人鲁瑾因写了一篇名为《暖男》的随笔而走红于网络，而后又出版了一部同名的作品集，从而延续并深化了"暖男"这个热门的网络话题。《暖男》中说："暖男的好处是他不会让你的爱只靠自己的想象力，他会做得很具体。他会关注你，懂得和理解你的需要。"随后，网友们对这个新词做了简洁生动的诠释："像和煦的阳光那样，能给人温暖感觉的男子。"总而言之，暖男应该是那种在照顾别人时细致体贴，并能很好地理解和体恤别人情感的男人。

可以发现，"暖男"中的"暖"所传达的并不是一种生理上的热觉感知，而是一种心理上的情感体验。这种心理层面上的"暖"可以使人倍感亲切，维持人际关系的和谐融洽。因此，从这个角度来讲，"暖男"中的"暖"与"良言一句三冬暖""人情冷暖"中的"暖"具有相同的语义，并不是新创的。但是当"暖"和"男"组合时，却产生了新异的"化学反应"，让我们在芸芸众生中发现了那一类特别的男人。

无独有偶，和"暖男"同样流行的还有"暖心"一词。例如：

这几天，一组被网友称为"最暖心父亲节礼物"的手绘漫画在微博、微信里迅速蹿红。

她在"暖心小天使"和"酷帅女汉子"间切换自如，不愧为国民闺女。

由用例可见，"暖心"中的"暖"一如"暖男"中的"暖"，都是表达一种温情脉脉的心理感受。这在修辞手法上，可以归入"通感"，即借助联想引起感觉转移，用物理触觉来描述心理感受，从而突破语言的局限，表达一种特殊的审美情趣。

新闻媒体还开出了《暖新闻》栏目。凤凰网是这样介绍的："《暖新闻》是由凤凰资讯出品的温情类社会新闻栏目。在这里，我们体味人间真情，感知世间冷暖，为生命倾注力量，为心灵点盏明灯。"

其实，"暖"的意义引申并不始于网络语言，在我们的日常用法中，它的意义早已丰富多彩。试举两例：

　　"乒乓外交"再现欧盟总部，中国大使领舞《小苹果》暖场。

　　今年五月市场表现抢眼，商品住宅市场回暖明显，呈"红五月"态势。

　　"暖场""回暖"中的"暖"，都不是指气温的变化，而是一种隐喻用法，前者指社交气氛的活跃，后者指事物又开始往好的方面发展。

　　"暖"，不仅仅表示适宜的温度，更是一种心灵的感动、一种愉快的体验。

"酸爽"的味道

徐瑞

"这酸爽，不敢相信！"2012年夏，伴随着幽默艺人的诙谐演出，一个酸菜牛肉面广告迅速捧红了"酸爽"一词。到了今天，网络语言中处处可见"酸爽"的踪影，人们谈笑间时不时都会蹦出一个"酸爽"。如今的"酸爽"早已经不限于方便面的酸味十足，而是用来描述各种酸味食物。比如一杯夏日午后的洛神花茶，轻轻抿上一口，顿时神清气爽，那味道正是酸爽！又或者是江畔的一锅酸菜鱼，用筷子轻轻夹起肥嫩的鱼肉放入口中，鱼肉化而酸味生，好一个酸爽！

那么"酸爽"到底是什么味道呢？不难发现"酸爽"是由"酸"和"爽"的意义组合而成的，"酸"就是醋的味道，而"爽"则是一种浑身痛快的感觉，从字面看它们似乎表达了一种因酸而爽的奇妙体验。

酸是一种负面的味觉刺激，作为"酸甜苦辣咸"中的首席代表，它比甜味和咸味更加强烈，比苦味刺激得更迅速，而相对辣味而言又不会引起口腔的灼烧感，因此我们对酸是敏感可接受的。人们获取酸味时会引起一种神经反射，从而促使唾液腺分泌出大量唾液以缓解不适。甚至有的人不需要吃酸，光看见酸的食物就会止不住地流口水，成语故事"望梅止渴"就利用了这个生理反应。不过，酸带来的也不全是负面体验。人们因酸味而分泌唾液的同时，大脑也会分泌一种叫多肽的物质使人的痛感降低，甚至会带来一些欣快感。由于接受酸味食物带来的多肽释放效应，有人会不断尝酸，甚至误以为是酸味本身使人感到"爽"，从而形成一种嗜酸心理。

另一方面，酸在夏季食疗的多个方面具有神奇的功效。民间的酸梅汤就是典型的酸味食疗经典。《本草纲目》中说酸乌梅可以除热送凉，安心止痛，甚至可以治咳嗽、霍乱、痢疾。在《白蛇传》中还有"乌梅辟疫"的故事。天然的酸味食物如乌梅，富含维生素C，对健康十分有益。这些食疗因素的诱导，也使得人们渐渐接受了酸味的刺激，心甘情愿地去尝酸。

因此，对于嗜好酸味和以酸养生的食客来说，酸确实是一种正面的味觉体验。因酸而爽或者又酸又爽的"酸爽"，确实反映了一种特殊的生理、心理体验，上述方便面广告正是抓住了食客的独特感觉而使"酸爽"流传开来的。

然而不可否认的是，对于大多数人而言，酸味带来的不适反应始终存在。这使得"酸爽"在语义发展过程中，"爽快"的感觉淡化了，"爽"仅用来表示酸到极点、酸得彻底，比如"今年第一口杨梅，酸爽无限，让我再也不敢吃了"，杨梅的酸让人难以承受，简直欲哭无泪。又如幽默录像中"狗狗第一次吃柠檬，酸爽得嗷嗷叫"，狗狗吃酸的体验正是人类第一次吃酸的体验，口腔接受酸味后触发了一种难以忍受的神经刺激感，让人无法释怀。在这里，"酸"的感觉完全压倒了"爽"，"酸爽"成了"酸死"的同义词。

有趣的是，词语的流行往往伴随着意义上的多元化发展，"酸爽"的高频使用使得它不再限于味觉领域，发生了很多跨域用法，而这些用法都是依仗"酸"的引申意义而展开的。

《现代汉语规范词典》中"酸"的若干义项中，包含有这样三个意思：①形容味道或气味像醋一样；②悲痛，难过；③因为疲劳或生病而微痛乏力。它们虽然描述的领域各不相同，但最大的共同点就是所产生的感觉与酸的感觉在心理上是类似的。例如"酸痛"，局部的神经不适就像吃酸后的感觉一样微痛难忍；又如"心酸"，心里的难过无法释怀，伤感持续就像尝到酸味一样欲哭无泪。凡此种种，都不是真实的酸味体验，而是用人们最熟悉的"酸"去比喻一个类似的抽象感觉。

"酸爽"的多义很大程度上来自"酸"的负面多义。"这口气真臭真酸爽"（网易新闻），物质腐败的气味虽然不是味觉感知的，给人的不适感是类似的，闻到浓郁酸臭味同样会让人浑身不适、无法接受。"酸爽！小女孩弹弓拔牙"（《广州日报》），小时候不知道拔了多少次牙，至今还记得那一颗牙从牙床上拽开的酸痛体验。"这股市太酸爽了，好几十万灰飞烟灭了"（烟台论坛），股市震荡，股民们伤不起呀，心中的酸楚简直不可言说。至此，"酸爽"的"爽"已经彻底虚化为表达程度之深，不再是积极正面的心理体验了。

总之，这就是"酸爽"，它的味道就是酸得彻底，酸得无比，酸得透心凉，酸得心飞扬，它的魅力就在于多重感觉的混搭演绎，真是一种令人又爱又怕的奇妙体验。

千万不要"污"

邓安琪

提起"污",人们的印象可能是大街小巷的排水井盖上大大的"污"字,也可能是新闻媒体热烈宣传的"治污减霾"计划。不过,近来在网络世界中流行的"污"可不是污水、污染的意思。

网络词语"污"最早来自一句网络流行语"要优雅,不要污"。"污"有着与"优雅"相对的猥琐、低俗的含义,往往被用来描述带有性暗示的内容。如果有谁在论坛上或者聊天室中当众开黄腔,人们就会群起而攻之:"要优雅,不要污!"在这句流行语走红以后,"污"开始作为独立的网络词流行起来,比如前段时间费玉清的荤段子视频在网络上大火,网友便打趣道:"老司机费玉清,污污污!"

当这类"玩笑"再进一步达到色情乃至伤风败俗的程度,人们又难以找到恰如其分的词语来表达看法时,也会用"污"这个词,比如:"官微发色情广告,广告画面太污影响极坏。"这里使用"污",既指出了某些官微存在的问题,又一改新闻往常的表达方式,用接地气的语言风格吸引了读者的注意。

除了形容低俗、色情,"污"还有不廉洁的含义。社会的黑暗、政治的不洁,都可以用"污"来形容。有篇文章名为《这个世界好污:政客们为了自己的钱都做了什么》,内容是揭露国际名人金融交易事件。"污"在此就恰如其分地讽刺了政客们蝇营狗苟的行为。

在汉语中，"污"自古以来就代表着不洁的事物，从一开始就具有负面意义。贪污、玷污、污染、污秽……人们只要提到"污"就会联想到不洁不净的事物。我们碰到不堪入目的事物，就仿佛受到了精神污染一般，会产生抗拒、厌恶的情绪。用"污"来形容这种体验可以说是恰到好处，既体现了事物本身的性质，又强调了发话者的主观感受。难怪人们会觉得用"污"来形容网络直播平台和金融交易的某些问题那么贴切。

当人们使用"好污"这一新奇表达方式来表达概念时，更多追求的是一种巧妙的语言效果，而不是语言的精准确当。所以，"污"作为网络词的负面意义并不像它在日常口语中的负面意义那么明确。换言之，"污"不总是贬义词，它还可以贬义褒用。当网民们打趣费玉清是"污王"时，并不是在讽刺他，反而还因他随时随地"开污"的性格被圈粉。当朋友之间互相调笑"要优雅，不要污"时，也只是一种亲昵的交流，不一定真的反感对方……在普通的交际语境中，用"污"来形容人或物，既不是脏口也不是国骂，更像是一种借助语言的变化达到社交或者娱乐目的的语言游戏，拉近双方关系的同时也避免了坦率直言可能造成的尴尬。

"污"的流行是大众心理在网络语言世界中的投射，在一定程度上反映出社会的开放度和包容度越来越高。不过，人们在展现开放的社会心态的同时，也要注意限度，不要让这些"污"的东西真的成为精神污染。

"干货"满满

杨照敏

　　干货，是一种脱水食材，泛指风干或晒干后的食材。例如小鱼干、葡萄干、干海参、干香菇等。其中海产类的食材因富含水分、蛋白质等营养成分，经脱水处理制成干货可方便储存与运输，避免保存不当导致食材腐败变质。由此可知，干货具有以下特点：经过一定时间的提炼、脱水；富含营养；方便储存和运输；不易变质。

　　根据这些特点，人们用"干货"一词喻指实用性强、有价值的知识和内容。从可直接触摸的实物到抽象概念的词义引申，是利用了隐喻的方式。比喻义所反映的现象和本义具有相似之处：一、精炼性。经过一定时间，从实际经验中总结、提炼而来。二、实在性。具体内容多不含浮夸成分。三、实用性。有价值，有营养。

　　同时，"干货"也是相对于"水货"而言的。"水货"可以指不良商家为了谋取私利用来冒充正品的劣质假冒产品。因为"掺杂水分"，"水货"也被引申为虚假劣质、没有营养、没有用处的东西。在讲究效率的快节奏社会，"水分"是所有务实者的大敌，人们拒绝"水货"，偏爱"干货"。

　　"干货"一词在网络上、生活中被广泛使用。最先通常指电子商务工作者发表分享的一些关于网络推广、网络营销工作知识经验和工作方法的文章。因为这些知识和方法都是实用性比较强的，也没有虚假的成分，所以业内人士通常称之为"干货"。该词现已延伸至各行各业使用，表示某人传授的知识、方法、技能等比较重要、实用，可谓强势"霸屏"，无处不在：职场上，干货用来指前辈或是成功人士分享的经验、方法，必备的办公软件使用技巧，少开会少吹捧、多务实行动的工作法则等等。生活中，一些实用的小知识、小妙招让生活更加简单美好，充满幸福感。在学校里，一场干货满满的学术沙龙，让整个人的学习力都爆棚了！

随着网络的普及和不断发展，知识、资源的获取已经十分便捷，越来越多的人参与到资源共享的宏大队伍中来。干货作为一种分享的实在内容，早已融入社会生活的方方面面，并非只有某一特定群体成为干货的分享者或受益者，每个人在自己的领域里都可以有值得总结、提炼的干货分享给需要的人。分享是一种精神，大数据时代需要分享，而不是秘藏独乐。所谓"术业有专攻"，正是各个行业领域的精英翘楚们的无私分享，才使得社会生活更加便捷、高效。干货分享，不只是一种简单的传播知识与方法的途径，甚至成为很多人谋生的手段。

不过，不管是作为学术资源的共享、经验方法的传授，还是为了经济利益的获取，林林总总的干货"市场"为我们带来益处的同时，也会让我们陷入选择困难的境地。各种信息、资源铺天盖地地袭来，我们是一味地接受还是选择性地吸收？本文也送你一句"干货"：辨清真假、各取所需！

这般"逆天"是为何

周旭梅

"真是帅得逆天啊！""这逆天的大长腿……果然是努力进化来的。"宁泽涛在喀山游泳世锦赛男子100米自由泳决赛中夺冠后，关于他的话题被刷上微博榜首，感慨最多的就是他的"逆天"颜值。

最近两年，"逆天"广泛出现于各种新闻报道、微博评论中，被用来表示人们强烈的欣赏或叹服。除了形容长相，"逆天"还可以形容很多其他事物，如：

腾讯发布全球首款Apple Watch手表管家！两大逆天功能！

Windows10简直逆天地好用啊！

90后大学生创意逆天，纸巾婚纱获赞无数！

甚至连《人民日报》这样的主流媒体，在新闻稿中也引用了包含"逆天"一词的评论：

铁路这是要逆天啊，运费比公路便宜得太多了。（《铁老大"小"生意里赚"快"钱》，《人民日报》2014年12月8日第10版）

为什么从个人微博到主流媒体都这般爱用"逆天"呢？其实，早在春秋时期就经常见"逆天×"，如《国语》有"不乱民功，不逆天时"，"不逆天时"是告诫君主"不要违背自然运行的时序"。又如战国《吕氏春秋》中有"凡举事无逆天数，必顺其时，乃因其类"，"无逆天数"

同样是劝诫君主要遵奉天命。其他的三字格形式还有"逆天理""逆天心""逆天意"等。

后来，随着使用频率的增加以及汉语双音节化的发展，"逆天×"这样的三字格短语逐渐凝结为双音节词"逆天"，而"天时""天数"等就是"天"的具体内涵，如：

> 明主上不逆天，下不圹地，故天予之时，地生之财；乱主上逆天道，下绝地理，故天不予时，地不生财。（《管子·形势解》）

这里的"逆天"就是"违背天道"的意思。再如：

> 天兵已至，何不早降，尚敢逆天，自取灭亡哉！（明《封神演义》）

"逆天"是指"违背上天的意志"。

可见，在古代汉语中，"逆天"一直是"违背天意"或"违背自然规律"的意思，并且人们对于"逆天"的行为，也一直是持否定、批判的态度。延续到现代汉语，"逆天"依然继承了"违背自然规律"的意思和贬义的感情色彩，如：

> 殊不知自然界的安排，却件件与这要求反对，我们从古以来，逆天行事，于是人的能力，十分萎缩，社会的进步，也就跟着停顿。（鲁迅《坟》）

> 人们做事一定要顺应自然，适应自然，表达自然，印证自然，力戒逆天违道，为所欲为，要行其所当行，止其所当止，这是一个最基本的客观规律。（《和为贵》，《人民日报》2005年11月12日第7版）

但是近两年，"逆天"似乎已经洗白，摆脱了"大逆不道""倒行逆施"这样的语义特征和贬义色彩，披上了"喜出望外""叹为观止"的褒义评价。无论是"颜值逆天"还是"工艺逆天""画质逆天"，都传达出人们惊讶、肯定、支持、赞叹的态度。从用于负面评价到用于正面肯定，是什么原因使得"逆天"的感情色彩发生了如此彻底的逆转？

"逆天"最早在"港漫"中被使用，表示"逆着天道而行"。后来在网络游戏中，网友将厉害的超级装备或人物操作都称为"逆天"。人们在网络上使用这种表示事态严重、贬义色彩浓厚的词来表达惊叹、赞美这样的正面情感，实现了戏谑的心理需求和诙谐的表达效果。这种新奇的使用方式很快就被广大网友接受和推广，"逆天"也就逐渐染上了褒义色彩，而当使用范围扩展到微博、新闻中时，"逆天"的正面形象便得到进一步的强化和巩固。

细细推敲，"逆天"意义的转变是有迹可循的，无论是表示"坏到人神共愤"，还是表达"好得出乎意料"，两种意义都受"远远超出正常范围"这一语义要素的支配。而由此引发的"令人吃惊"的心理感受，则为这两种意义的相互贯通提供了心理基础。

词义表达了人们的主观认识，是人们头脑中对现实世界的反映。古代的人们崇天尊神，"逆天"的高频使用正是建立在这样的传统信仰之上，而当时代、社会生活的变化引起人们观念的变化，"逆天"一词的认知基础也不复存在。随着新事物、新观念的产生，人们有新的表达需要，实现的途径只有两种：创制新词或者采用旧词形式表达新义。由于创造新词并不是最为经济的方式，因而，类似"逆天"这样的古语词必然会在词义上得以创新，从而重新进入人们的生活。

画饼、送饼和吃饼

王子怡

　　想必你一定听过《画饼充饥》的故事吧，它出自陈寿《三国志·魏书·卢毓传》："选举莫取有名，名如画地作饼，不可啖也。"魏明帝这话就是在说，世人所谓的"名声"不过似地上画的一张饼，是空而无实的，因而选贤举能不能光看名声。这里的"饼"，聪明的你一定知道它的喻意，就是"不切实际的东西"。

　　现如今，网络世界里到处都在"画饼"，人们常用"画饼"来指一方给出虚无缥缈的承诺以讨好取悦另一方的行为。在影视圈里，营销号说某明星要来演某部剧，粉丝就会质疑说："不要给我们画饼，我们等官宣。"这里的"画饼"也就是提前爆料，"饼"带有"未被证实的消息"之意。除了给粉丝的"饼"，也有"饼"是给明星的，比如看到有关新剧新片的筹划，粉丝希望自己的偶像能参演，这就是给自己的偶像"画饼"。而有些宣传过头、实际质量堪忧的影视片，也被吐槽为"毒饼"，谁吃了这"毒饼"，票房和声誉都会"中毒"。

　　在职场上，有些公司高层也会被吐槽在"画大饼"，他们口中的"愿景""远景""规划"云云，实际上是中看不中用的空想。但是另一方面，"画饼"也被看作是企业的一种激励手段，被称为"职场画饼术"，通常是在新职工培训会上，给员工指明工作福利和发展前景，培养员工对企业的认同和工作热情。然而光"画饼"而不给"饼"，也常常会变成负激励。"反向画大饼"是指求职者、职工反过来给公司高层"画饼"，比如"虽然没有经验，但我愿意和单位一起共同成长""给我一个机会，还您一份惊喜"之类的空话。

更为喜剧化的是，在体育赛事中，人们也不断地"做"着各种"饼"。比如，足球球迷常常吐槽"曼联的'大英饼王'鲁尼"，调侃"鲁尼洁身自好，不食嗟来之饼"。这里的"饼"接近于"天上掉馅饼"中的"馅饼"，就是指足球比赛中类似于踢进空门那么简单的球，"吃饼"就是形容毫无困难地踢进这些球。球迷们以此来"黑"鲁尼，调侃他踢不进低难度的球。还有人以"饼"来吐槽国足的水平："当你在盼望国足赢的时候，你会发现全世界都在给国足喂饼。"这些用法也引申出足球赛事上的一系列"饼"："吐饼"是说踢飞极容易进的球，浪费绝佳机会；"做饼师傅"是指那些善于助攻的球员……与足球类似，篮球也不例外。在篮球赛事中，"吃饼"的意思是被助攻，即别人传出舒服的球，他以简单的方式进攻得分。相应的还有"喂饼""送饼"等表达。

一个简单的"饼"可以生发出如此丰富的含义，运用得如此淋漓尽致，不得不去佩服网友的脑洞。很多网络语的调侃，既形象又喜感，让人由此更深刻地感受到了语言千变万化的独特魅力。

"画风"变了

曲绍萍

　　"画风"一词指绘画的风格，即用不同的笔法与构图对相同的意境表现出不同的风格，给人留下不同的感受。"画风"原本是绘画领域的一个专业术语，用于表示一种整体的视觉感受，如"××画家画风细腻""××画家擅长哥特式画风"等。

　　可是最近我们发现，"画风"的身影已经侵入到了绘画之外的各个领域，在各种新闻中频频出现，例如"日本公主画风变太快""张璇演绎狐妖画风清奇"，很显然这些新闻标题里的"画风"和我们之前熟知的大不相同。在网络世界中，不只是绘画行业在使用"画风"这个词，体育界、娱乐界甚至是房地产行业都在使用这个词，"画风"一词的含义已经悄然发生变化。那么它到底发生了什么变化呢？

　　首先让我们来看这个例子：

　　《蓝色大海的传说》演绎水下恋情，画风唯美。

　　这是一则关于韩剧的报道，这里的画风是指电视剧画面的风格，即"画"的指称对象演变成了影像，而"风"的含义基本没有变化，仍然是指视觉风格、视觉感受。随着网友们对影视作品的关注，"画风"的这种用法越来越多，经常用来描述影视作品的视觉风格，比如："《巫师的镜子》画风精致，演绎东欧奇幻传说。"

再看一个例子：

日小伙穿西装种田，画风清奇颠覆一般人印象。

这则新闻中贴出了几张小伙穿着优雅帅气的西装种田的照片。这里的"画"虽然从表面上看仍是指一幅图画，但深究一下就会发现这里的"画"更多的是指由照片所能联想到的小伙种田时的情景，而"风"的含义既有视觉感受也包含了网友各方面的认知感受。

让我们再来看一则新闻标题：

楼市画风突变后，90后毕业买房族何去何从

这条新闻里，"画风"的含义发生了翻天覆地的变化："画"不再指任何画面，"风"也和视觉风格毫无关系，"画风"的含义延伸到了楼市行情的风潮动向。

也就是说，"画风"在演变的过程中，在不同的语境制约下，"画"和"风"的含义都在原来含义的基础上扩充，"画风"已经不再和绘画发生关系，变成了"风格、格局、样态、情景"等泛化的含义。

这种行业用语泛化的情况其实是语言使用的普遍规律，深深地融入到我们的日常语言生活中。我们依然可以通过几则新闻标题来感受一下其他例子："中国手机和铁路机车正在抢滩印度市场"，抢滩原用于船只航行，现在商业中争抢市场、军事上抢占阵地也可以用这个词。"新加坡需要一针中国强心剂"，强心剂原是医学用语，现在已经泛化到了政治、经济等众多领域，是"给局势或心态增加必要的稳定条件"的意思。"三星陷入困境，全球智能手机面临洗牌"，洗牌原是赌博用语，现在也指"行业内重新排位"。类似的词语还有很多，例如光学术语"聚焦"，物理学术语"充电"，工程学术语"工程"，等等。

"画风"目前正走在向各个领域延伸的道路上，这是现代传媒普及和社会形态愈加开放的结果，让我们以更加宽容的心态来接受各种"画风"的突变吧。

还有这种"操作"

吴霜

近段时间，网络上开始流行一种"操作"体，"操作"一词也作为口头禅被许多人挂在嘴边。由该词语组成的网络用语大概有这几个相对流行的句式，分别是"这是什么操作""还有这种操作""令人窒息的操作"等。如：

居然还有这种操作？你们见过有20袋调料包但是没有面饼的方便面吗？

忽然发现输入法还有这种操作，都是套路。

那些令人窒息的操作，简直让人生无可恋啊！

那么，上面例子中的"操作"一词是否仍然保持着本义，又是什么导致了如今"操作"体的流行呢？

对"操作"一词追根溯源可以发现，该词原来一般用在两个方面：一是"劳动劳作"，如李纲在《题邵平种瓜图》诗中的"儿童随立形骨清，挈笠携筐助操作"。二是"按规范和要领操纵动作"，如靳以在《跟着老马转》中写道："你自己就违反了操作规程。"《现代汉语词典》对"操作"一词的解释是"按照一定的程序和技术要求进行活动或工作"。由此可知，"劳动劳作"的意思主要用于古代，这一用法在现今已相对少见。而近段时间流行起来的"操作"体，其

"操作"的词义又与《现代汉语词典》中的本义有了一定的不同，即失去了本义中"按照一定的程序和技术要求"这一定语，转而将"操作"的词义扩大到了一切活动或工作的范围。

细究"操作"在网络语言中的演变发展，大概可以分为三个阶段。第一个阶段是从"按照一定的程序和技术要求的行为"向专指游戏技术转变。"操作"的流行是从"还有这种操作"这个句型开始的，该词的出现原本是用来吐槽或者赞扬一些让人大跌眼镜的游戏操作方式。这里的"操作"指的是电子竞技中的游戏操作，所以该词在最初流行的时候还是比较贴近本义中"按照一定的程序和技术要求"。这一用法在今天仍然随处可见，如"《王者荣耀》最恶心的控制英雄，令人窒息的操作只需要一个技能"。后来，"操作"从游戏领域开始逐渐应用到大众场合，"操作"不再仅仅局限于有程序和技术要求的活动，转而指向一切可以观察的行为。因此，在网上出现了将任何令人惊讶的行为都冠以"操作"的现象，如："主人发现，她家的短腿猫有着特别的跳跃姿势，这是什么操作？"将短腿猫的跳跃姿势称为一种"操作"，这显然与"操作"的本义不符。网络上还大量存在着诸如"拔河比赛居然还有这种操作""影视剧中还有哪些令人窒息的操作"等。这些例句里的"操作"意思已经延伸到了所有行为。因此"操作"的词义变化进入了第二个阶段，即从"游戏技术"到"泛指一切的行为动作"。而到后来，连"操作"的行为意义都逐渐淡化，"操作"应用时所处的震惊状态渐渐占据了意义的主导地位。于是，词义的变化就进入了第三个阶段，也就是从

"指代行为动作"向"泛指一切令人震惊的事物或场景"转化。如:"活动那么多成绩还那么好,这是什么操作?"该句中"操作"指代的是"活动那么多成绩还那么好",这是一种令人震惊或大跌眼镜的状态。

"还有这种操作"句式流行之后衍生出的"这是什么操作""竟然还有这种操作""就是有这种操作""已经没有这种操作了""令人窒息的操作"等变体,这些句式是对"操作"的进一步发展。在这几个句式中,"操作"的词义与"还有这种操作"中的意思并没有太大差别,只是出现了句式和情感上的变化。通过加上"竟然"以及"令人窒息"这种表示出乎意料的词语,使"还有这种操作"中隐含的对于某行为或事物的震惊程度加深。

怎么才算"讲究"

戴兰茜

"讲究"是北京话中经常使用的词,在《新华字典》上有三种释义:当动词使用时有"讲求、注重"的意思,比如"讲究质量";当形容词时则为"精美"之义,如"这房子盖得真讲究";当名词时可以在后面加上儿化音,"讲究儿"指一定的方法或道理、惯例。

或许是北京话天生拥有俏皮属性,最近"讲究"这个词成为网上的调侃利器,不仅精美的事物被称作"讲究",一切事物的细节都可以被说是"讲究"。比如"暑假最后一天写作业,讲究""外国人吃饭用筷子,讲究""饭前先洗手,讲究""用溪水洗锅,讲究""楼主发帖问'讲究'什么意思,讲究"等等。"××,讲究"也成为一种固定的句式充斥于网络视频弹幕和各种论坛。那么到底什么才算是"讲究"呢?

其实,"××,讲究"并不是这几年才出现的梗,聪明的语言艺术家们早已发现这句话俏皮的潜质,并广泛运用了。比如在相声中,捧人时就会运用"××,讲究"句式。在影视剧中,影响较大的就是《让子弹飞》中,敌对两阵营混在一起无法辨认敌我而处于无法开战的窘境时,天空恰巧下起了雷雨,于是双方首领协商重新开战时借口道:"打雷天站在雨里头,有点儿不讲究,太不讲究了。"在这之后，"讲究"体便风靡网络。

"××，讲究"这个网络流行语中的"讲究"，其意义已经偏离本义了。很明显的是，这里的"讲究"是一个形容词，因此网络流行语的"讲究"是"精美"义项的一种延伸，但是它包含的内容不仅是精美，而是夹杂着很复杂的多种情绪，可以包括奇怪、嘲笑、批评等等，并且在向贬义发展。"讲究"由褒义到贬义的变化并不是一下子就完成的。起初，"××，讲究"是一种真实的赞美，常常指生活精致，比如"把菜摆好盘后再撒上一些芝麻，讲究"。渐渐地，"讲究"体可以用于一些与众不同的事物或者社会现象，往往带有嘲讽和强调的作用，比如"上课玩手机，讲究""用手机写论文，讲究"等。随着时间的推移，人们渐渐发现生活中的一切细节都可以"讲究"，于是"讲究"再次泛滥化。比较极端的例子就是有时看一个视频的弹幕，主播从头到尾的每个动作细节都被人"讲究"过了，这时的"讲究"已经失去了"精致、精美"的原意，而是完完全全成为人们娱乐的工具，更趋近于一个贬义词。

"讲究"体风靡网络，既是语言上的意义演变，也有社会心理的推动。

从语言上看，"讲究"一词历史悠久，来源于北京话，有俏皮的天性，常常用在相声里。在"××，讲究"中，原本是一个褒义词的"讲究"在这里却因"过分夸耀"而有了较多的贬义情感，成了一个反语。因此当"××"只是一个十分平常的事物时，这个"讲究"就反而成了"假讲究"，给语言增添了不少曲折的趣味性。

　　"讲究"体风靡网络，更是现代人们趋向于追求精致生活的体现。在物质和精神的基本需求得到满足后，人们渴望更多有意思的生活细节，而最容易获得的方法，莫过于把每一个生活细节都看作是"讲究"的。这确实也是一种生活情趣的体现——即从平凡中发现不凡，但其中也隐藏着一个悖论：若是把每一个平凡的细节都看作不凡，那么不凡也将成为平凡。这也是"讲究"体在网络滥用后变为贬义的根本原因。

　　于是，在网络语言中，"讲究"也会变成"假讲究"。在滥用之下，怎么才算真讲究也成了问题。适时地用好"讲究"体，多加思考而非一味跟风，这才是真讲究。

睡觉不如"修仙"

胡文媛

　　某天，你在社交群里和大家说完"晚安"准备入睡，却被群主甩来几个大字："此群修仙，睡觉请退群。"咦？你不禁要纳闷：莫非这群里都是哪一门派的得道高人？莫要紧张，其实你只是进入了一个"修仙群"，其中奥秘，待我慢慢分解。

　　"仙"是我国古代神话中的特殊人物，最显著的特点莫过于可以不食不寐、具有特殊能力且长生不死了。此"仙"的特点在小时候爸爸妈妈经常说的那句"不吃饭你要成仙"中得到了很好的体现。"修仙"原本是得道高人"修炼成仙"的意思，但如今已经成为热门的网络词语，成为都市青年"熬夜"的代名词。

　　"修仙"这一网络词语，最早来源于一些游戏主播，他们在晚上结束直播后，就开始玩一些修仙类游戏，而且经常通宵，从晚上一直持续到第二天中午，所以观众渐渐地就用"修仙"代指熬夜玩游戏。众所周知，熬夜是一个不良的生活习惯，长时间熬夜会对身体造成伤害，甚至会发生猝死，但是玩家给熬夜找到了一个励志的借口——羽化成仙。我并不是熬夜，我是在"修仙"，不仅不会猝死，反而会增强法力，"修仙"由此衍化为"夜猫族"的口头禅，含有自嘲、自黑的意味，并且产生了以下新鲜用语：

夜太美，总有人黑着眼眶修着仙。

出来修仙，睡觉是没有前途的。

大半夜的不修仙，难道你想睡觉吗？

在熬夜修仙之路上，网友们还给"修仙"划分了级别：从半夜0点到早上9点，按照睡觉的时点分别称为炼体、炼气、筑基、金丹、元婴、化神、洞虚、渡劫、大乘、飞升。此所谓"熬得越深，修为越高"。

著名奇幻小说《冰与火之歌》中有这样一段令人心潮澎湃的话："长夜将至，我从今开始守望，至死方休。我将不娶妻、不封地、不生子。我将不戴宝冠，不争荣宠。我将尽忠职守，生死于斯。我是黑暗中的利剑，长城上的守卫。我是抵御寒冷的烈焰，破晓时分的光线，唤醒眠者的号角，守护王国的坚盾。我将生命与荣耀献给守夜人，今夜如此，夜夜皆然。"许多学生网友将其改造为"修仙宣言"，也颇为好玩："期末将至，我从今开始复习，至考方休。我将不去浪、不网游、不刷剧。我将不耽玩乐，不猎美色。我将悬梁刺股，生死于斯。我是图书馆的雕像，自习室的幽灵。我是唤醒黎明的号角，闪耀午夜的台灯，守望课本的双眼，追寻知识的灵魂。我将生命与希望献给期末，今夜如此，夜夜皆然。"

今天的年轻人白天面对纷繁复杂的现实生活，压力重重，长夜漫漫却也不肯轻易入睡，或仍继续投身事务，或通宵玩乐企图抚慰自己，但是他们也对这种不良生活习惯有着深刻的反省，"修仙"一词满含自嘲之意，往往用于反讽。我们还是提醒"修仙"的各位，早早上床睡一觉，才是快乐似神仙的秘诀！

我"搬砖"去了

叶绩

　　"搬砖"古已有之，《晋书·列传第三十六》记载："侃在州无事，辄朝运百甓于斋外，暮运于斋内。人问其故，答曰：'吾方致力中原，过尔优逸，恐不堪事。'其励志勤力，皆此类也。"其中的"甓"即砖块，这段话描述了东晋名将陶侃居安思危，把搬砖这种苦力活当作强健体魄的方法。而在现代，"搬砖"生发出了新的含义，在生活的多个领域担任着精彩的角色。

　　"搬砖"多种引申用法的源头含义是人所共知的，即工地上枯燥重复的体力劳动。20世纪80年代后，大量农民进城务工，随着当时城市的飞速发展，"万丈高楼"需要有人助它们"平地起"，搬砖就成了缺乏文化知识的务工者的无奈之选，那时的搬砖是为城里人所不齿的廉价劳动。据此，搬砖就成为枯燥乏味、赚钱不多、只靠劳力的工作的代表，并由此在网络时代生发出不同的含义。

　　搬砖这种苦力工作在高科技的今天虽不如从前兴盛，但其枯燥乏味的工作特点已经深入人心，词义据此引申为"单调乏味的活动"，并且不局限于体力劳动，其应用包括网游、贴吧和生活三个方面。在网游中，以《地下城与勇士》游戏来说，"砖"代指游戏中的重要道具"魔刹石",玩家需要不断重复刷图赚钱来买道具,如同搬砖般又累又枯燥。由此还诞生了"搬砖豪"一词,指靠"搬砖"挣来的钱可以达到或超过人民币玩家的装备水平。这里的"搬砖"是把游戏模拟成现实环境,以现实中的搬砖劳动比喻游戏行为。在贴吧词汇中,"搬砖"用来比喻所谓"屌丝"的工作环境,即无经济基础、无才华、发言无内涵的"三无网民"所从事的又苦又累的工作,是一种蔑称。比如:"你这个屌丝,除了搬砖还能干啥!"在日常生活中,"搬砖"一词的热度更高。它起初泛指程序员从事的写代码工作,多为程序员群体自嘲。后所指范围扩大,被更多群体拿来使用,例如:"做实验就像搬砖,怎么也搬不完。"至此,"搬砖"成为一切乏味工作的代称,网络聊天时若不方便透露自己的职业,就以"去搬砖"表示去工作。"搬砖"走红也折射出现代人的自嘲心理:我的工作这么无聊辛苦,和没有文化基础的苦力劳动有什么区别?

在另一种引申义中,"砖"代指"钱"。在商业活动中,"搬砖"作为一种隐晦的说法流传开来,包括合法理财和非法贸易两个方面。对理财的年轻人来说,搬砖的意思就是搬钱,一砖代表一万元。由于不少银行的白金卡、贵宾卡会要求申请人必须在本银行存款达到一定额度才能办理,为了办这张卡,一些申请人就需要把其他银行的存款转到该银行,这种将大额存款从一个金融机构转到另一个金融机构的过程就是"搬砖"。例如:"今天从××宝搬了5砖去买××银行的理财,结果没买上,白白损失了两天收益。""搬砖"有时还指一种不正当的商业行为,即巧借名目,混淆是非,把非产地货搬到产地，冒充产地货销售，获取暴利。例如：海南产黄花梨木，商家把越南黄花梨木搬到海南去，冒充"海黄木"销售。实际上就是商家为了牟取暴利而鱼目混珠、以次充好。相似的还有地下钱庄行话用法，通常指为了逃避外汇监管，通过先将源货币兑换为虚拟币，以虚拟币跨境转账，再兑换为目标货币的方式，蚂蚁搬家似的将大规模资金分散为小股资金，转移到目标国。"搬砖"一词成为这些非法行为的遮羞布，因而被蒙上了一层阴翳。

"四舍五入"就是专业人士

杨怡坤

在网络上"冲浪"的时候,你是否听到过"四舍五入就是一个亿""四舍五入就是我的人了"之类说法呢?

"四舍五入"体在网络走红源于主持人倪萍在主持大型公益节目《等着我》中的一段话,她在提及节目的微博时说:"我们微博的阅读量是五千五百万,同志们,这是什么?这是一个亿!"网友们对她的这种四舍五入的计算方法展开了热烈的讨论。倪萍本人随后在微博上真诚地道歉,称自己"是典型的数学不好"。但四舍五入的热潮并未因此平息,大家开始积极地将自己的工资、奖金、收到的点赞数等数据四舍五入成一个亿。虽说是四舍五入,但网友们在对"越多越好型"数据进行计算时更多地把重点落在"入"上而刻意忽略了"舍",四百元的工资被四舍五入到一个亿、三百万的阅读量也被网友们戏称四舍五入就是一个亿。而对"越少越好型"数据进行计算时,大家又心照不宣地选择了"舍"的方法,比如学生们会说:"一百道题我只错了四十四道,四舍五入我就是全对呀!"可见,四舍五入这种数学计算法,被机智的网友们当成自我安慰的"感觉优化法",他们通过将数字向理想的方向放大或缩小来达到自我安慰的目的。工资少的上班族安慰自己"四舍五入就是一个亿，也不算很少"，错题多的学生安慰自己"四舍五入就是没做错题，我其实还有救"，这样就能让他们在压力山大的社会中继续坚持奋斗。而且四舍五入法并没有局限于数字范围，随着人们自我安慰需求的不断增大，四舍五入法被引入更广阔的领域。比如吃货看到有朋友吃到了自己想吃的美食，就会说"四舍五入就是我吃过了"；追星族发现自己的评论被偶像点赞了，就会欣喜地昭告世界"这四舍五入就是结婚了"；前段时间流行起来的土味情话中更是有一句"你是中国人，我也是中国人，四舍五入一下，你就是我的人"。人们乐此不疲地引用四舍五入法来靠近理想的生活状态，一方面提高了自己的幸福指数，一方面又因为使用了数学用语而感觉自己说的话有理有据、专业可信。

不只是数学，物理学领域也给我们带来了"正能量"这样风靡一时的词语。原本出自量子电动力学的物理名词被英国心理学家在《正能量》一书中做了新的解释。作者将人体比作一个能量场，而正能量被用于代表积极向上、乐观阳光、带给人希望和奋进力量的人和事。伴随着正能量代表积极事物的意义，负能量也就同时被赋予与之相反的表示消极事物的意义。正能量和负能量被广泛地运用到人们的日常生活中，"每天一句正能量激励自己""献给需要正能量的人"等语录大量涌现，如何消减负能量的相关文章也层出不穷。

生物学领域中也有被网友引入的专业术语，如果提示到这里你还没想到，那就说明你"反射弧太长了"。反射弧，是执行反射活动的特定神经结构，人对外界的反应大多需要通过反射弧传递然后表现出来，所以反射弧长就意味着信息传输时间长，从受到刺激到做出反应动作所需的时间也就更长，反应就会相对慢半拍。现在人们常用"反射弧长"形容反应迟钝的人，不仅带有一种专业的学术感，还具有一种含蓄感，使得调侃没有那么直接，被说反射弧长的人也不易有被嘲笑的感觉。反射弧长的朋友也不要嫉妒反应快的小伙伴，毕竟嫉妒使人"质壁分离"。"质壁分离"又是一个被引入网络语言的生物学词语，原本是指植物细胞由于液泡失水而使原生质层和细胞壁分离的现象，因为在显微镜下可以观察到质壁分离后的细胞和原来的细胞在外观上的差异，所以被用来代替"嫉妒使我面目全非"中的面目全非，此处的"质壁分离"就是丑陋、面部扭曲的意思。除此之外，优秀的网友们还引入了数学（如"高斯模糊"，此处主要取"模糊"的含义）、化学（如"氧化分解"，此处主要取"分解"意，含有分裂扭曲的意思）等多个领域的词语来代替"面目全非"一词。学科术语的引入使得网络交流越来越有趣多样，不仅能营造一种"文化人交流"的氛围，还能很大程度上削减一些负面词语的消极意义。

　　了解这些网络语言以后，再也不用因为听不懂专业术语而嫉妒到质壁分离了，查清楚网络用语中的每一个学科术语，就算反射弧再长也充满正能量，四舍五入一下，你也是专业人士啦！

新词新语录

说"怼"

庚仲雯

在湖南卫视的综艺节目《真正的男子汉》中，嘉宾打报告想要解手，遭到了班长的拒绝，因而笑称自己被"怼"了。节目中的班长解释道："'怼'是对心灵的一个考验，小怼小进步，大怼大进步，不怼不进步。"此后，观众经常会在节目中看到嘉宾们"互怼"的情景。广大网民掀起了一阵玩"怼"的热潮，"老夫纵横江湖十几年，还从没遇到怼手""怼你爱爱爱爱不完"等把"怼"推上了话题榜的前列。网友们玩"怼"玩得不亦乐乎，不禁让人发问："怼"的含义究竟是什么？

"怼"的使用最早可以追溯到《诗经·大雅·荡》中的"而秉义类，强御多怼"。这里的"怼"是形容词，表示"凶狠"的意思。此后"怼"的更常见用法是动词，表示"怨恨"的意思。汉代以后，"怼"不再以单音节词的形式出现，逐渐复音化，与近义词"怨""怒"等构成复音词，如"怨怼""怒怼"等。

网络语言中复活的"怼"和古代表示"怨恨"的"怼"有一定关系，同样具有"恶待对方"的负面色彩，但语义要轻得多，用法也要灵活得多，恐怕主要还是受到了方言的影响。

与普通话中读去声不同，"怼"在河南舞阳方言中读上声，是人们日常生活中经常使用的一个动词，类似于东北方言中的"整"或者普通话中的"搞""干"。它经常与不同的词搭配，衍生出不同的意义，如"互怼"(收拾)、"来怼个鸡腿吧"(吃)、"怼得不赖"(干)、"开怼"(开始)等等。当下网络频繁使用的"怼"其实是由"收拾"这个含义发展而来的，这里的"收拾"不是指整理东西，而是表示批评、责骂。"你为什么总怼我?"是时下人们进行网络交际时经常会提到的一句话，"怼"表达的就是一方对另一方故意找茬的行为。

人们在"互怼"的过程中，往往能够获得一种口头上的快感，正如"怼"的字形所表示的那样，故意对着来。渐渐地，"怼"的使用不再局限于两人之间的口舌之争，只要是带有反抗、反对情绪的行为都可以用"怼"来描述：

敢跟淘宝怼价格? 苏州这家进口零食水果店开业。

林丹"劈腿"，德比互怼，国足暂时找到了北。

"怼"进一步衍生出"比拼""比赛"等含义，表现双方竞争激烈，相互之间存在敌对的心理和态度，人有一较高下之意。

纵观"怼"的使用历程，成词形式从最初的单音节词到与近义词组成复音词，又重新回归到单音节词，表达方式从书面语的形容词到网络语言的动词。"怼"在成为网络语言的过程中，意义进一步扩大，干净利落地表达出了两者之间的敌对关系。因此，"怼"在使用时，常常会使"被怼"的一方受到情感上的伤害。也许只是普通的口角之争，但在"怼"来"怼"去的过程中，无形中就将双方的立场置于敌对的位置。"怼"的结果总是难免伤心，我们还是希望生活中能够少一分"怼"，多一分"慰"。

论"尬"

岳怡欣

当第一次看到"尬舞"这个词时，大家不免会问："什么尬舞？尴尬的舞？"这时懂行的人就该笑话了，因为"尬舞"释义为"斗舞"，有挑衅的含义，是街舞专门用语。追本溯源，"尬舞"一词来源于台湾，在闽南话中"尬"有"切磋""较量"的意思，与此同类的词还有"对尬""尬车""尬一下"。

方言词语被广泛传播成为网络流行语的例子不胜枚举，例如一度走红的"蓝瘦香菇"（广西话）、"猴赛雷"（粤语）等等。而"尬舞"的"尬"却与此略有不同。"蓝瘦香菇""猴赛雷"等都原汁原味地继承了词语的原义，但"尬"不仅保留了"切磋"的方言意义，同时增加了普通话中"尴尬"的语义要素。

"尴尬"本为南方方言词，出现在客家话、吴语中，后被收入普通话，通常是说一种让人感觉很难为情、无所适从的处境。《说文·尢部》："尴尬，行不正也。"段玉裁注："今苏州俗语谓事乖刺者曰尴尬。""尴尬"即"尴尬"，是双声的联绵词，两个音节连缀成义不能分割，不能拆开解释。正是由于这一词的不可拆解性，我们在词典中检索"尬"字时会见到"见'尴'"，而对"尴"字的解释则为"尴尬"的词义。由于我们总爱把"尬"自动复原为"尴尬"来求得语义，因此也就给"尬舞"增加了一个新的语义特征，即形容他人看来尴尬之至、舞者却自得其乐的舞蹈。

"尬舞"这一意义的演进是一个渐进的过程，如："周杰伦尬舞纽约街舞教父。""厉害了小哥！好燃的尬舞！"这里"尬舞"仍是本义"切磋舞技"。"爆笑慎入！《舞法天女》一言不合就尬舞！""完整版杀马特尬舞全集！全程笑得肚子疼！"这些例子中的"尬舞"显然已不仅是本义"切磋舞技"，而带上了一些"尴尬之舞"的意思。

随后，"尬"又发展出了其他一些复合词，如"尬聊"（尴尬的聊天气氛）、"尬剧"（剧情尴尬的电视剧）、"尬王"（场面中最尴尬的人）等。在这些例子中，"切磋"的含义完全丢失，"尬"直接变成了"尴尬"的意思。为什么在传播过程中"切磋"义逐渐被消解？显然，新传入的方言词相比标准普通话来说是弱势的一方，不明词源的网民在认词时首先便接受了强势方的意义。所以"尬"在逐渐走红时，其意义因误解而含混，最终凝固在被人普遍认知的"尴尬"义上，原先的"切磋"义却因过于小众而被忽视，从而硬生生地把具有"不可拆解性"的联绵词"尴尬"拆成了可以单用的"尬"字。

从"尬"的意义发展中可见，对词语的多义化使用是形成"新解"的重要机制。网友不再满足于一词一义的干巴巴解读，而着眼于制造各种语言文字游戏，这符合网络流行语对表达多样性和趣味性的追求。当提及"尬"时，网友们关注的不是它作为方言词的原初意义，而是将其有意曲解以求娱乐效果，由此还带来了一个联绵词拆出单字用的副作用。

从"哏"到"梗"

蔡世琦

　　说到"梗",大家再熟悉不过了: 植物的枝或茎嘛! 花梗、叶梗、树梗……都是梗。那么什么是"怀孕梗""失忆梗""穿越梗""身高梗"呢? 原来, 如今"梗"在网络语言中又多了一种意思, 即影视剧里一些常见的情节桥段。

　　例如, "怀孕梗"就是通过女主角怀孕这个情节来推动故事发展, 要么指女主角一上床即怀孕又没有结婚打算, 要么指恋情受阻时女主角在争吵中晕倒被送至医院后得知怀孕, 要么指女主角身体发生种种状况仍不知道自己怀孕要靠别人点破天机, 要么指假怀孕逼婚被婆婆识破, 等等。这样的情节反复出现, 似曾相识, 就形成了所谓"怀孕梗"。

　　至于其他梗, 你读读这些新闻标题就明白了: 《为什么电视剧都喜欢用失忆梗?》《韩剧不再玩绝症梗? 近期热门戏剧大盘点》《青春片扎堆, 小鲜肉老腊肉争艳, 怀孕堕胎车祸梗玩烂》《身高梗——盘点二次元那些身高略矮的强者》……

　　追根溯源, "梗"的这个新用法, 实际上是来自相声术语"哏"。"哏"在相声里指滑稽、可笑的话或表情, 有时也转指对口相声中的角色分工, 即"逗哏"和"捧哏"。"逗哏"负责逗人开心, "捧哏"

则是帮衬, 负责铺垫。从 "哏" 到 "梗", 据说是台湾综艺节目中字幕组无心用错了字, 把 "哏" 误成了 "梗"。万万没想到, 这次误会随后却广泛传播开来, "梗" 的这一新用法逐渐被大众接受。确实, "哏" 字不常见也不好读, 而 "梗" 就很亲民, 取而代之也情有可原。

不过, 随着 "梗" 的泛化使用, 它已经越来越多出现在 "哏" 不能出现的场合, 发展出了很多衍生用法。"哏" 原来的用法相对比较固定, 主要是当形容词, 如 "这段相声真哏"。而 "梗" 早已超出了这一限制, 组合更为灵活。比如说 "铺梗" 就是在关键情节 (梗) 出现前先铺设一些暗线和提示, "借梗" 就是借鉴经典作品中的情节设定, "丢梗" 就是自己懒得写而把一个好的情节 (梗) 丢给别人写。

文艺创作总是喜新厌旧的, 如果同样的情节桥段反复使用, 难免惹人厌烦。于是, "梗" 的前面经常带上 "烂、老、旧" 之类贬义词, 用来讽刺那些不知创新的影视编剧们。网络上还有人号召 "吐槽各国电视剧的那些烂梗, 有兴趣的一起加入吧"。"烂梗" 指的就是电视剧里经常出现以至于让观众感到厌烦的桥段, 比如香港无线台电视剧的烂梗, 有人总结为 "赶路必崴脚, 崴脚必下雨, 下雨必山洞, 山洞必天黑, 天黑必柴火"。再比如韩剧中的主角总是遭遇车祸然后失忆等。这时候的 "梗" 已经不单单是一段简单的剧情桥段, 还包括了使用者的负面评价在里面, 意义可谓丰富。

从 "哏" 到 "梗", 一次无心的误会, 没想到创造出这样一系列奇妙的用法, 还真是 "无心插柳柳成荫" 呢!

今天你"打卡"了吗

程榕

"文艺青年又多一处打卡圣地，网红书店言几又杭州首开。"

"重庆大渡口不能错过的美食，多远也要跑去打卡！"

"独立寒秋，湘江北去，邀您打卡橘子洲！"

不明就里的人看到这些表述，往往会一头雾水：打卡？打的是什么卡？难道橘子洲也有打卡机了吗？

"打卡"本义是指工作人员上下班时把考勤卡放在专门的磁卡机上记录到达和离开单位的时间，目的是为了监督员工准时上下班，不要迟到早退，其行为带有一定的强制性。随着社会经济的不断发展，"卡"的种类愈来愈多，比如信用卡、购物卡、交通卡、校园卡等，"打卡"也就不断地扩大使用范围，可以用来指结账、登记等活动。但总之，一定要有"卡"这种实体作为"打"的对象。

但是当"打卡"一词被年轻人大规模用于网络交际时，其含义就被大大延伸和虚化了。此时"打卡"一词的本义渐渐模糊，保留下来的只是"到场""参与"等引申义。"打卡"的使用范围也不仅仅局限在考勤、消费方面，还扩展到各种各样的活动，而且一般不需要实体的"卡"。概括起来说，"打卡"的网络用法主要有两种。

首先，"打卡"指到场并参与了某种活动，且这种活动往往没有强制性，反而是参与者主动愿意的。在这种语境中，"打卡"就相当于"参加"。比如重庆时报网在2017年10月21日的一则新闻标题《一部电影让长江索道一炮而红，不少明星专门来"打卡"》，其中"打卡"就是明星们都去长江索道游览的意思。在这种用法中，"打卡"的是热门景点或者热门活动，而且一般都是第一次去，带有较强的跟风意味，所以一般为年轻人所用。

其次，"打卡"还用于各种网上在线活动的签到。这种活动也分两类，一类是各种学习类手机应用，比如各类英语学习软件会有"每日单词打卡"，就是提醒学习者记得每天背单词。另一类是以消息群为依托，比如"早睡早起打卡群"，即群中的每一个人都要在规定时间发消息，以表示自己正在坚持养成良好的作息。在这种语境中，"打卡"一词的含义已经不再是单纯的"参加"，更有一种努力坚持的意味。它更强调一种主动性，代表了动作发出者的一种承诺和态度。所以，一个人如果"打卡"，就意味着他正在努力养成一种好的习惯，正在坚持做某一件事。如今，"打卡"在年轻人中愈来愈流行，我们经常会看到微信朋友圈或者QQ空间里许多人发的各种应用软件的打卡链接。这种流行，一方面依托于设计越来越人性化的手机应用软件，另一方面也体现了人们对于更高质量生活的追求和自律意识的提高。

从强制到自愿，从有卡到无卡，"打卡"一词的积极意味不断增加，它体现了人们对美好生活的向往，记录下普通人努力对抗平庸的模样，反映的是我们一直渴望前进、不断向上的姿态。

"硬核"的前世今生

陆诗依

近日，网络上掀起了一阵"硬核"风：

"古力娜扎在《风暴舞》中挑战硬核打女形象。"

"全新车型竟然比旧款更'硬核'。"

"如何攻下硬核高薪岗位？你准备好了吗？"

"太'硬核'了！'双创'周最年轻'创客'竟然是个10岁女娃！"

面对诸如此类的表达，你不禁要问：什么是"硬核"？

作为网络流行语的"硬核"可不是字面意义"坚硬的核心"那么简单。"硬核"来源于英语"hardcore"，原指"一种说唱音乐的风格"。被称为"硬核说唱"的音乐具有热情奔放的主题、猛烈强劲的鼓点和嘈杂无章的节奏，它们正如字面形容的那样强硬而激烈，有很强的力量感，歌词也大都反映与社会主流背道而驰的叛逆思维。它有一定的侵略性和反叛性，却也不失幽默。典型的硬核说唱具有快准狠的冲击力，让听众冷汗与鸡皮疙瘩并出，而幽默的歌词在调侃现实的同时也唤起人们的思考。

"硬核"在不知不觉中从音乐领域走向游戏圈子，"硬核游戏"(hardcore game) 在玩法上存在一定难度，如果不是水平高超的游戏高手，很难在这类游戏里尝到甜头，因此它们有特定的受众。也正因为如此，那些能够玩转这些高难度游戏的玩家也被称为"硬核玩家"。所以当你听闻"73岁硬核玩家每天打12个小时游戏，水平比孙子还要高"时，你应当为这位玩家竖起大拇指，因为他真的可以说是相当"硬核"了！

后来，"硬核"也被引申出"面向核心受众，有一定难度和欣赏门槛的事物"或者"类似于高水平爱好者的行事风格"等诸多含义。作为网络语而重生的"硬核"一词具有更加广人的使用范围，意思也已经偏离了原义，简单一点理解，我们可以把它当作"很厉害""很彪悍"来使用。

其实从"硬核"意义的演变过程来看，也不难理解其中的发展规律。

"超'硬核'空军飞行员竟然在乘坐云霄飞车时还能打电话？"在这类"硬核"的描述中，继承了"硬核游戏"中"水平高超"而又"受众较少"的意思，表达了说话人敬佩和惊讶的情感。

"网络约车，约来了一辆马车！这款叫车软件是真的'硬核'啊！"约到马车的情况非常罕见，但同时又让见者捧腹、闻者哄堂。它不仅沿袭了"硬核游戏"中夹带的"小众"含义，也体现了"硬核说唱"中所展示的那种"凶悍"和"幽默"，表达了说话者的惊讶和尴尬。

"硬核"作为网络流行用语脱胎换骨之后，具有了不一样的含义。说起"硬核说唱"，指的未必是一段十分彪悍的说唱；提到"硬核玩家"，也未必是指一个精通说唱的游戏玩家。只要我们理清了"硬核"一词的"前世今生"，就不会在日常交流中贻笑大方了。

"水逆"退散！

苏杭

打开微信，刷刷朋友圈，你会发现不少朋友经常处于一种"水逆"状态："水逆太强大了，赶紧结束吧！""原来是水逆的原因哦，怪不得手机丢了。"

这"水逆"究竟是什么来头，能让这么多人纷纷"中招"？

其实，"水逆"一词是"水星逆行"的简称，它最初来源于西方的星相占卜学。所谓"水星逆行"，也并不是真的指水星实际运行方向的转向，而是一种独特的天文现象。原来，地球和水星作为行星，都是以同一个方向绕着太阳公转的，但由于水星与地球运行轨道和运行速度的差异，在地球上的我们会在一年中观察到好几次水星倒退行进的奇观。就好像是快车超越慢车，快车上的人会感觉慢车在倒退一样，这便是"水逆"。有趣的是，星相学认为"水逆"往往会影响人的生活。水星墨丘利是罗马神话中的信使之神，负责信息的传递和交流，因此"水逆"会影响人的记忆、沟通、交通、通信等，会带来不佳的运气，让人感到情绪低落。

当"水逆"演化为一个被普遍使用的网络用语，大多数使用"水逆"的年轻人已经不再将它视作星相学专有名词了，如"最近我真是水逆啊，凡事都倒霉"，这里的"水逆"已经引申为"诸事不顺”“百事不利”的含义，成了一个嘲讽性的热词。这固然是受到星相学的影响，但“水逆”本身的语素构成也起到了推波助澜的作用。

“水逆”会被理解为“水流逆行”，“逆流”很好地表达了“命途多舛”的意味，这使得“水逆”更容易被大家认可并使用。

仔细分析，“水”的意象本身就有一种人义象征：“上善若水”“萍水相逢”“落花流水”，水有着丰富的比喻义，意味着人生旅途和遭际命运。说一个人事业有成，是“如鱼得水”；说一个人走投无路，是“山穷水尽”。“古来万事东流水”，刚柔并济的流水承载了太多意蕴，人们很容易将流水与人生联系起来，抒发自己的情感。

“逆”字高度凝练了抵触和不顺从的含义。它是“不顺”的书面化与文言化，将坎坷和曲折表现得恰到好处，使得“水逆”一词更加雅致。除此之外，“逆”字背后更隐藏着一种与自然相违抗的力不从心：“逆水行舟，不进则退”，“江行无奈逆风何”，“逆”字总令人有一种无力之感，表达出了人在自然面前的渺小和卑微。

“水逆”一词其实也是一种自我开解的表现，把不顺心的事情推在“水逆”上以自我排解，逐渐成了朋友圈的新风尚。但从科学的角度来讲，“水逆”毕竟只是一种由视觉误差带来的错觉，从地球的角度来看，所有行星都有自己的逆行周期，“水逆”并没有什么独特之处。对于我们来说，将“水逆”作为平时调侃的话题，适当活跃气氛当然可以，但是切不要迷信，更不能让“水逆”指导甚至主宰我们的生活。尽管人生不可能一直都顺风顺水，但我们依然应该保持一种积极乐观的心态来面对坎坷和挫折。

"颜值"正当红

彭远

江苏卫视在2015年4月16日重磅推出一档谈话节目——《世界青年说》，打出的宣传口号是"男性看脑，女性看颜"，宣传语则是"史上最高颜值综艺节目来啦"，颜值高、学历高、身材高成为嘉宾的吸睛亮点。此后，"颜值"这个词在网络语言中高频使用，它到底是什么意思呢？

先把"颜值"拆开来看："颜"在字典中有"面容，脸色，脸面"等义项，日语中"脸、脸色"也表示为"颜"。"值"表示数值。"颜值"就是表示人物容颜英俊或靓丽的量值，以数字化评估人物的美貌程度。"颜值"的测算方法最初由网民"向右"在论坛上发起，根据用户照片所接受到的"无感"和"喜欢"的数量来计算该用户的颜值高低。如一位用户收到了100个来自其他用户的反馈，其中有70个"喜欢"，则该用户的颜值为0.7（颜值为0.0—1.0区间）。

"颜值"一词的诞生，试图把对美的感觉具体化、数值化。颜值同其他数值一样，是有衡量标准的、可以测量的，并且可以比较大小，甚至也可以变化，于是"高颜值""颜值爆表"等词大量出现，如：

中国球员也可以颜值爆表，国安男神险成米卢女婿

刘德华女儿照片曝光，娱乐圈星二代颜值PK

随着高频使用，颜值中"值"的数字意义减弱，语义重心落在"容颜"上。"颜值"是双音节词，可以独立运用，如：

《世界青年说》T台秀引爆全场，颜值太好

明星一口"烂牙"毁掉颜值

上面例子中，"颜值"已经逐渐丧失了数值的含义，只表示面容和姿色，从而产生了"颜值太好""毁掉颜值"等用法。

"颜值剧""颜值经济"等也应运而生。颜值剧如《武媚娘传奇》《何以笙箫默》《活色生香》，这些剧的火爆刷新了电视剧观众的审美观，演员的颜值甚至比剧情更加吸引观众。而作为颜值经济的引领者，美图公司推出了主打自拍的美图手机，实现了拍照、修图、分享一步到位，满足了用户追求美与分享美的需求。可以看出，不管是明星演员，还是普通大众，颜值都是热捧和追求的对象。

以上的"颜值"还用来表示人的容貌，但随着"颜值"的流行，其指称对象逐渐扩大，不管是电子产品，还是汽车家具，甚至是城市乡村，都可以用颜值表示外表或外观，如：

高颜值家电个性定制有巨大想象空间

德州中心城区700余小区将提引颜值

"颜值"的风生水起，不仅是语言现象，而且是社会现象的体现。有人认为这是一个"看脸的世界"；有人自以为是"颜控"；有人羡慕"有颜任性"；有人调侃"长相好看的人才有青春，长相不好看的人只有大学”，“帅哥才能老成大叔，丑男只能老成师傅”。我们对此可以宽容和理解，毕竟爱美之心人皆有之，不必压抑对美的追求与羡慕。但是，我们也应该看到，颜值只是表面，只是加分项，不是实质，不是决定项，社会看中的仍然是能力、智慧、品格和学识等内在表现，我们不应为颜值不高而自卑。

谁识"毒奶"新面目

王晓曼

  提起"毒奶",不少人第一时间想到的是曾经轰动全国的三鹿毒奶粉和随之曝光的"毒奶门"事件。随着网络用语的流行,"毒奶"以全新的内涵出现在我们的视野中,当你真诚祝贺他人取得好成绩却被一句"你快别毒奶了"打断时,是不是感到一头雾水呢?

  事实上,要理解"毒奶",我们要先来谈谈"奶妈"这个词的语义变化。在现实生活中,奶妈指负责哺乳和照顾儿童的专职人员。在网络游戏中,与奶妈照顾小孩子类似,可以利用技能恢复玩家生命值、保证队友存活、照顾受伤队友的治疗辅助类角色就被广大游戏玩家亲切地称呼为"奶妈"。又因为"奶"作为动词可指喂奶行为,玩家又戏称"奶妈"治疗队友为"奶队友"。于是,游戏战况激烈的时候,队伍里总是会传来一阵阵"奶一口""快奶我"的叫喊,其实就是"快治疗我"的意思。被"奶"之后,玩家生命值恢复,对扭转局势、取得胜利能起到重大作用。随着电子竞技赛事的风靡,"奶"也不仅仅局限于"治疗"这种直接的帮助。对于不能直接参与游戏的观众来说,通过夸赞和声援来为看好的队伍呐喊、加油,这种间接的帮助也被称为"奶"。这样一来,比赛的成败同时牵动着玩家和观众,游戏中玩家用"奶"来治疗,游戏外观众用"奶"来加油, 更能让观众有一种代入感和参与感。

　　那么"毒奶"又是怎么一回事呢? 我们都知道, 比赛的输赢往往是有很大的不确定性的, 我们常常倾向于"奶"那些实力强劲、更有希望夺冠的队伍, 但是这些队伍也可能状态失常输掉比赛。难道这时候"奶"没有起作用吗? 善于自我安慰的网友们会告诉你, 并不是"奶"没有用, 而是被"毒奶"了。既然"奶"起到了一种正向的、积极的加油作用, 那么致命的"毒奶"起的就是一种反向的、消极的作用, 就像"乌鸦嘴"一样, 在比赛中看好某方并大力称赞 (奶) 后, 该方却出现严重失误输掉比赛 (被毒死了) 。例如, 一场比赛中观众喊破喉咙加油鼓劲:"A队最强! A队必胜! "结果却是B队翻盘获胜, 这个时候也只能叹息:"这肯定是被毒奶了啊! "

　　而"毒奶"能从电竞圈进入到生活中也绝非偶然。"毒奶"日常化的过程也就是"奶"语义泛化的过程。首先, 由于"毒奶"特有的竞技语境及其产生的"几乎不可能发生的事情发生了"的戏剧效果, 它最先从电子竞技赛事扩展到各种比赛。我们往往会在比赛结束之前猜测冠军, 并为看好的队伍或选手摇旗呐喊, 若是这个队伍或选手输了比赛, 就是被"毒奶"了。甚至你去参加一个小型的朗诵比赛, 你的老师、家长、同学都看好你, 你却无缘冠军, 也可以说是被"毒奶"了。其次, "毒奶"还带有一种心理暗示, 暗含着"事情的结果和预料的不同"的意思, 这使"毒奶"进一步普及到日常生活中。类似"说啥啥不准, 嫌啥啥偏来"的事都可以用"毒奶"来安慰自己: 并不是我水平不够, 全都是"毒奶"的错! 在这一层面, "毒奶”行为与竞技无关。此外，随着语义的进一步变化，还引申出了一种别出心裁的"毒奶"方式——既然"毒奶"的结果和预期总是相反的，那不如反其道而行之，故意说"我肯定不会暴富""我明天演讲肯定会忘词"等。语义变化到这里，"毒奶"成了一种调侃和娱乐的方式。

说到底，"毒奶"只是一个无伤大雅的玄学梗，适当利用这种戏剧性的落差和心理暗示娱乐一下就好，迷信"毒奶"可以改变一切、重写命运的做法是万万不可取的。

有温情的"官宣"

熊瑾康

2018年10月16日上午，一阵"官宣"风席卷了网络。大家纷纷以"官宣"二字发文，并在文后加一个"爱心"表情图，有的还会"@"某个人或者加配一张结婚照。这种发文格式被网友们命名为"官宣体"。那么，"官宣体"是如何产生的呢？原来是两位明星赵丽颖和冯绍峰在微博上公开发表婚讯，他们只用了"官宣"二字，并在后面配上一个"爱心"表情图，附上一张结婚照。这种形式被网友们疯狂模仿，引来一阵热潮。从此，一个新的网络热词产生了。

从"官宣"这个词的形式来看，像是"官方宣布"的缩写。"缩字构词"是汉语中很常见的构词形式，这样造出来的词有个特点就是前后两个词的意思保持不变。但是"官宣"这个词似乎并不是这样。从它的来源我们可以看出，"官宣"这个词主要用来表示"公开告知结婚的消息"。虽然"官宣"二字从字面上看似乎是表示"官方宣布"，但"官方机构"这个主体被隐去，未在字面上体现的宣布内容——"结婚"反而被置于重要地位。网友们也纷纷采用这个"原始"意义来使用"官宣"这个词，也因此派生出了第一种官宣变体，如"等待××官宣""虽是单身狗，也忍不住官宣下"。前者表示期待某人结婚，后者虽不表示结婚，但从说话者的表达中，也能体会到

"官宣"这个词暗含着脱单、结婚的含义。

迅速地，"官宣"这个词似乎又有了其他含义。开始出现了第二种变体。"官宣：今天彩票中奖了，开心！""官宣：晚上打算看电影，有一起的吗？""官宣"这个词中"结婚"的含义渐渐被隐去，进而变成一种普遍意义上的"官宣"——只要是宣布或者公开告知某件事情就能使用"官宣"这个词，不用在意宣布的内容，也不用在意是不是官方机构宣布的。由此，"官宣体"得到了更广泛的使用。

紧接着又出现了第三种变体。网友们似乎意识到了"官宣"一词很容易联想到"官方宣布"，或者"官宣"就可以看作是"官方宣布"的缩写，这是一件颇为严肃的事情。个人化的滥用和泛娱乐化让一部分网友感到不适，于是出现了"官宣体"的第三波热潮——"这才是官宣"。比如："这才是官宣，54年前的今天，我国第一颗原子弹爆炸。"这篇文章谈及原子弹之父钱三强与他夫人何泽慧的爱情故事，认为这才应该是"官宣"的爱情。这波浪潮源于《人民日报》在"官宣热"时发的一条微博——"54年前的今天，官宣"，并配上一张老报纸，报纸上清楚地写着："1964年10月16日，我国第一颗原子弹爆炸成功。"网友们纷纷力挺这条微博，不断发声"这才是官宣"，让"官宣"又重新回到带有正能量、严肃且重要的事情上。

经过三波大的发展，"官宣"一词经历了一种语义反复的过程。从一开始特指宣布结婚，到泛化为宣布任意一件事，最后又回归到官方宣布重要的事情上。"官宣"比起"官方宣布"有了更多的温情，许多官方机构现在也更愿意用"官宣"这个词来发布消息。

被"玩坏"的语言

徐妍薇

在纷繁的网络世界中，语言真可说是被"玩坏"了！不论是语音语义的演变，还是语法规范的破坏，网络语言以叛逆的姿态挑战传统语言，离经叛道却也不乏趣味。我们今天要说的网络语"玩坏"，本身也是被"玩坏"的结果。

"玩坏"本来是一个述补结构，"坏"作为"玩"的最终状态，补充说明了"玩"的结果。在许慎的《说文解字》中，"玩"的本义是"以手玩弄 (玉)"，"玩"在诞生之初就将具体的被玩物 (玉) 包括在了词义之中。发展到现代汉语，"玩"的意义发生了泛化，变成了"通过获得非直接利益来娱乐自身"，可以玩纸牌、玩手机、玩猜谜、玩捉迷藏……但是，"坏"说明的总是物质性对象的损坏，因此运用到具体语境中，"玩坏"仍然是一个玩的人针对一个玩的物体的行为。例如"淘气的小朋友把玩具玩坏了"。

时至今日，"玩坏"发生了新的意义变化。且看实例：

一只会模仿主人任何表情和动作的柴犬，感觉被玩坏了！

一只家养柴犬被主人捏出了人类一样的"沮丧"表情，"坏"在这里并非物体的损伤，而是违背柴犬的本能，"玩坏"则是指超常的逗弄宠物的行为。又如：

感觉我把自拍玩坏了。

这个把自拍"玩坏"的女孩，使用特殊软件使照片中的自己呈现出卡通人物形象，"我"成了一个陌生的"我"。说起来是"玩坏"，但其实在照片主人看来，这个"我"比真实的"我"更可爱，因此才会选择在社交网络中公开展示。再如：

帝都的雾霾天被网友们玩坏了，这脑洞太大了。

雾霾笼罩城市的照片被加上了不明飞行物、科幻片中的怪兽，其实这是网络中常见的修图行为，但它改变了照片原来的真实性，透出一些吊诡的幽默感。

从自拍到雾霾天，"玩"的意义发生了明显的泛化，它的对象不再是某个具体可感的事物或是约定俗成的游戏，它所指向的范围被大大延伸。这让人不禁想起另一个动词"做"，做手工、做作业、做家务、做学问、做人……"玩"正和"做"一样，成了一个不能被单独释义的词，需要被置于不同语境中才能做出具体解释。如果说传统的"玩"还侧重于单纯的双手操作，这里的玩则涵盖了绘画、软件制图、视频剪辑、逗宠物等行为，几乎一切皆可"玩"，一切皆可被嘲讽。"玩"得尽兴，导致的结果则是一个"坏"。被"玩坏"的事物留给人的直观印象，或荒诞幽默，或神秘吊诡，或奇特瑰丽，或滑稽可笑，它们都超越了一般的心理期待，挑战着惯常的认知。

不过，被玩坏的事物给人带来的往往是惊喜与快乐。从这一点来看，玩并没有脱离其"通过获得非直接利益来娱乐自身"的含义。"玩坏"绝非出于恶意，它不是破坏性的"玩坏"，相反正是创造性的"玩坏"。当人们说某物被"玩坏"时，某物往往以一种全新的面貌呈现在大众面前。"玩坏"以戏谑、嘲讽的呈现方式，带来感官上的夸张、荒诞效果，某种程度上正迎合着网络世界对娱乐文化的快餐式消费。

当语言进入互联网的那一刻，语言就在一步步走向被"玩坏"的境地，形形色色的网络用语都可说是被"玩坏"的结果。对语言来说这究竟是祸还是福呢？且交给时间来判断吧。

"亲情价"中的亲情

顾菁怡

从"亲情价"的源流来看，商家最早将"亲情价"使用在广告词中。在日常生活中，每当商店进行促销时，我们总能看到类似于"感恩回馈顾客，全场亲情价""亲情价，惠到底"等广告语。"亲情价"不是指亲情的价格，亲情是无价的，它指的是亲人们才能享受到的优惠价，商家用此来表现自己的商品价格低廉。它的含义本质上和优惠价没有很大差别，只是"亲情价"相比优惠价在心理上更具情感吸引力。当顾客看到"亲情价"时，会联想到亲友之间的情谊，增加购买欲，商家便可达到扩大销量的目的。实际上，商家和顾客之间没有什么真正的亲情可言，"亲情价"只是反映了一种买卖双方的信任关系，是一种商业营销手段。"亲情价"引发的共情可以扩大销量，也延伸出"友情价""亲友价"等词。

但是，最近朋友圈流行的"亲情价"，不再是商业上买卖双方之间交易的价格，而是真正亲人之间的报价了，往往是指子女在买了东西之后给长辈 (常常指父母) 的报价。"亲情价"是指一件东西不管有多贵，在告诉父母的时候一定要报低价。生活中，子女买礼物孝顺父母，但是父母往往会为价格较贵感到心疼，所以很多子女只能撕掉吊牌谎称这是商家促销的产品。新的"亲情价"就和商家使用的"亲情价"之间有了巧妙的联系。子女和商家称商品价格低廉都是出于"亲情",不同的是:商家使用的"亲情价"没有所谓亲情,只是拉近与顾客距离的委婉用语,为优惠价蒙上一层情感色彩。而朋友圈流行的"亲情价"中,"亲情"是真正的亲人之间的情感。子女使用新的"亲情价"是出于对父母感情的考虑,而在父母面前谎称所购买的商品价格低廉。

事实上,子女对父母报"亲情价"一般出于两种目的:第一,子女给自己买了价格比较高的物品,为了避免被父母责怪乱花钱而报低价;第二,子女买了价格贵的物品给父母用又怕父母心疼而报低价。在网上,第一种情况较少,第二种情况更加普遍。

新的"亲情价"能够在朋友圈流行,其实是子女体贴父母的表现。父母养育子女不易,子女忙于工作无法常伴,就想要在物质上弥补。考虑到父母的情感,用善意的谎言让父母安心,由此"亲情价"也变得温情十足。但是如果盲目购买超出自己经济能力的物件而担心受父母批评的话,还是需要端正自己的消费观,莫要把"亲情价"作为挡箭牌,让"亲情价"中的亲情变了味。

丧文化和"小确丧"

周欣欣

网络世界里，不仅有心灵鸡汤大行其道，也有反鸡汤式的"丧文化"异军突起。近年来，"丧"成为年轻人使用的一个热词。

"丧"是一个会意字，小篆字形上面是"哭"，下面是"亡"，表示哭已死去的人。"丧"有两个读音，分别对应两种词性。名词读sāng，多指丧仪、丧事，即埋葬或火化前为死者举行的哀悼仪式。动词读sàng，本义为丧失，也有丢掉、失去的意思。"丧文化"中的"丧"读作sàng，在用法上更偏向于形容词，意义更多源于动词义，表现一种因为失去了某些东西、错过了某些机会而低迷、颓废甚至一蹶不振的状态。"丧文化"的表现包括错过公交车、地铁坐过站、日常被加班、游戏被秒杀、作业写不完、拖延没动力等典型负能量事件，是一种带有自嘲性质的青年亚文化。

在这个信息爆炸的年代，年轻人面临更大的压力，生活不止眼前的苟且，还有明天和后天的苟且，间歇性踌躇满志，持续性混吃等死，生活一地鸡毛，整个世界一不小心就像豆腐渣工程一样稀里哗啦地倒塌。丧文化作为年轻人宣泄内心不满的途径，有五大"带队天王"：集拖延症、动力不足、背运气于一身的懒蛋蛋；每天在家里喝酒、泡妞、中年过气的马男波杰克；一辈子也吃不到天鹅肉的丑蛤蟆佩佩蛙；一辈子都翻不了身的咸鱼；目光呆滞、四肢无力、好像身体被掏空的葛优瘫。

　　"小确丧"是丧文化中的典型成员，是"小确幸"的反转。"小确幸"一词出自村上春树的随笔《兰格汉斯岛的午后》，指微小而确实的幸福，让生活充满小的期待，散发着浓郁的鸡汤气息。而反主流的"小确丧"，则是指日常生活中可以预测但又不可避免的无力和绝望。比如明明知道早高峰地铁挤到爆，可是为了上班不迟到还是要带着助跑像煎饼一样"贴"在人群里；明明知道今天要熬夜加班写文案第二天早起会很困，但是为了生活还是要硬着头皮起床。这些"小确丧"时刻在发生却也不会带来严重后果，在生活中挥之不去，让人头疼又烦恼。我们知道，"小"作为修饰语一般传达喜爱之情，如"小宝贝""小可爱""小幸运"，用"小"来形容满满负能量的"丧"，还是"确定"的丧，一方面可以看出年轻人对于"每日一丧"的无助和调侃，另一方面也包含着对生活的一丝希望。生活中虽然有很多问题，但我们还有解决它们的可能，比如早高峰的时候恰好有同事愿意捎你一程，"小确丧"就变成了"小确幸"。

　　谁还没有个丧气的时候呢？丧文化一定程度上可以自我解压，连发个牢骚都要被说颓废，这样是会被憋坏的。生活需要有张有弛，让自己发泄一会儿、颓废一会儿、低落一会儿、发呆一会儿、吐槽一会儿。小确丧还会继续，不过，小确幸也相伴相随。

人体探秘记

你有一颗"少女心"吗

陈婉婷

近年来，网络语言中出现了"少女心"这个词语。少女正处于青春期这样一个特殊的时期，心理上包含了喜爱幻想、脱离实际、多愁善感、心思细腻等诸多特征。由此而来的"少女心"，其含义也是多变的，可以细分为三种。

第一种含义指的是幼稚不成熟的少女心态，即使年纪已经不小了，行为性格仍然像个小孩子，主要表现为拒绝长大，永远沉浸在需要别人照顾迁就的心理状态里。比如很多男性抱怨自己的女朋友年纪不小了，但"少女心"太足，不像女朋友反而更像自己的女儿。

第二种含义表现的心理特征比前者客观中性一些。进入青春期的女孩子情窦初开，往往被爱情小说中男女主角的纯爱所吸引，并由此引发种种对浪漫爱情的幻想和对未来幸福的憧憬。"少女心"也强调女性在行为、爱好等方面体现出对自我性别身份特征的认同和强调，如喜欢鲜艳的颜色、精致的蕾丝以及可爱的毛绒玩偶。于是就出现了类似"拍照必备，可爱少女心彩虹灯""这么可爱的小短裙，我的少女心又一次蠢蠢欲动"等青春洋溢的表达。

少女心的第三种含义则更进一步向褒义靠拢，逐渐发展为一种积极的社会心理。"少女心"表现为一种善良乐观、阳光向上的处事态度和生活方式，它依然保留了少女在行为和情感上的一些特质，但少了一些青春期的幻想，多了一些成长后的真诚和努力。此时的"少女心"包含着对女孩子的赞美。比如有爱心——喜欢小孩子，看到一只小猫会蹲下来抚摸喂食。比如细腻温柔——对生活观察细致，会被任何一个温暖的小细节打动。再比如乐观坚强——即使见过很多黑暗与艰辛，依然选择用微笑和善意面对这个世界。有时，少女心还体现在一些可爱的小习惯里，比如会随手捡起一片树叶夹到书里，仔细地记录下每天生活的点滴等等。真诚而有情趣地生活，是"少女心"在这个阶段最主要的特征。

值得一提的是，第三种积极含义的"少女心"所体现出的态度逐渐发展为一种普遍的心理，跨越了年龄甚至超越了性别。很多早已告别少女时代的女子依然会不时地在可爱的饰品面前走不动路，或者每天朝气蓬勃地为自己打气加油。与此同时，越来越多的男生也开始毫不避讳地承认自己拥有少女心，具体表现就是充满爱心、富有童真。

所以，少女不一定拥有少女心，拥有少女心的人也不一定是少女。少女心不是公主病也不是玻璃心，它是一种对周围一切保持热情和初心的生活态度。那么，不知此时的你是否拥有一颗少女心呢？

请收起"玻璃心"

钟琳

　　"玻璃"的释义为:"指天然水晶石之类,有各种颜色。现指一种人工制造的质地硬而脆的透明物体。"贴在玻璃制品上的标语——"轻拿轻放"随处可见,自然而然地,我们看到"玻璃"二字,首先联想到的就是"透明易碎"。随着当今网络语言的创新,玻璃的这一突出属性逐渐演变出了"玻璃心"一词。

　　近年来,网上各种鸡汤式警句里,"玻璃心"三字频频出现:

　　大企业不会有一颗玻璃心!

　　玻璃心就应该被砸碎几次,不然永远都学不会坚强。

　　那么到底什么是玻璃心呢?顾名思义,就是具有玻璃一样特征的心脏。这里使用了比喻造词法,玻璃的易碎变成一种心理表征,把因为敏感、脆弱、多疑而容易受到伤害的人群形象化地表现了出来。假若深究"玻璃心"的词义,又可细分为三种。

　　第一种用法指某些人的心理状态像玻璃一样易碎,经受不住挫折与逆境的打击。他们常常在网络空间发表脆弱矫情的"玻璃心"言论,以求慰藉;又或过度强调他人的语言或行为对自己内心的伤害,渴望自己的情绪被注意、理解与关怀。这类人的网络空间往往变成宣泄自我感情的地方。

第二种用法形容某些人心思细腻、极致感性，对于书籍、电影、网络中的悲剧事件付出过多的悲伤情绪且沉溺其中，会不由自主地将自己代入情境，产生共鸣，不自觉地伤心或流泪。常人往往难以理解此类举动，就会发出感慨："这有什么值得你流泪的呢？你可真是玻璃心！"

第三种用法形容某些人多疑而猜忌，亦即所谓的"说者无心，听者有意"。这是由于"玻璃心"人群过度纠结于别人的眼光和自己的失误，会反复揣测他人话语的意思，胡思乱想，无中生有，误解出许多言外之意，甚至理解为是对自己无能的嘲讽。例如同学聚会上，他们可以将他人的一句"我开车送你回家"强行理解为"我比你有钱，我有车而你没有"，完全曲解他人的善意。这种"玻璃心"人群，经常因别人不经意的玩笑或打趣而自觉受到伤害，生活在既自恋又自虐的心理困境中。

心理学认为，人的情绪或行为表现不是由客观事件造成的，而是在于个体对事件的理解。"玻璃心"人群就处在一种对外界的错误认知中。就是说，他们活在自己主观认知构建的世界里，他们的焦虑与敏感也曲折地表达了此类人群对社会、对人生的一般态度，折射出他们渴望被社会注意、理解和认同的迫切心情。

现代社会中，人受到的压力越来越大，人与人之间需要更多的沟通、理解，只有用积极的正能量来回应这种"玻璃心"状态，提升自信，抛却顾虑，才会使得自己的内心不再脆弱敏感，变得平静强大。

所以，朋友，请收起你的玻璃心，笑对人生。

给你"比心"

孙汇泽

宋朝朱熹在《朱子语类·大学三》中讲道:"俗语所谓将心比心,如此则各得其平矣。"此处"比心"的意思是"设身处地为别人着想",其中"比"的意思是"比较、对比"。

但是今天的网络语言产生了一个全新的"比心",它的意思是"用手比一个心形"。此时的"比"也不再是"比较"的意思,而是"比画"的意思。这一词语描述的是用身体部位来比画出一个爱心的动作。最初的动作是将双手上举,置于头顶,通过两个手臂摆出一个爱心的形状。另一种传统的"比心"方式是将双手的大拇指和其余四个手指弯曲相抵,组成爱心的形状。而现在诞生出了新的"比心"手势,开始流行使用拇指和食指相交,单用两个手指模拟爱心的形状。最初这个手势出自韩国的一个视频,一个姑娘对路人做了这样的手势,此后在韩国娱乐圈流行。明星上台表演时会向观众比这个手势,表达对粉丝或是朋友的爱意。用手指比心的动作相比过去用手臂比心或是用双手比心更加方便,也更为可爱,因而也被越来越多的人所接受,甚至成为广受欢迎的拍照手势。

随着"比心"动作的流行,"比心"一词也成了新兴的网络用语。在网络用语中,"比心"这个词语已经从传统意义上的行为动词逐渐转变为一种表示情感的语言符号。"比心"一词往往在句子结尾处使用，有"感谢""祝福""庆贺"等含义。如："很感谢你今天的帮助，比心。""祝贺你得奖哦，比心。"

在这个意义上，"比心"与曾盛行一时的"么么哒"类似，有时其实并没有什么特别具体的含义或是指称对象，只是用于日常语言交际中拉近对话双方的距离，增加亲密度。同"么么哒"一样，"比心"的流行一方面表现出了网民对话交流时的热情，但是另一方面也在一定程度上表现出了人们情感的随意化。在现实生活中对亲密的人都很难表达的爱意，在网络上却能够以如此轻描淡写的方式向任何一个陌生人表达，这也说明了人们试图以玩笑化的方式，寻求对生活中日益复杂的人际交往压力的轻松排解。然而，"么么哒"与"比心"的深层内涵也不尽相同。二者相比，"么么哒"一词所表示的是亲吻的动作，但"比心"则去除了直接的身体接触，适当注重了交往中的礼节，虽然表示的情绪依旧亲昵，但是一定程度上略微减少了可能会令人尴尬的自来熟成分。

归根结底，"比心"一词的流行还是因为它可以完美适应各种不同的语境，并且增加语言使用时的亲和力。在现在这个依靠互联网构建起来的地球村里，人与人之间虽然隔着一个屏幕的距离，但是仍然可以通过给彼此"比心"来释放爱意。

"良心"为什么会"痛"

余郎婷

2017年，"你的良心不会痛吗"流行起来。

我们听到这句话，并不会有太大的理解困难。根据语境，我们可以判断这句话是要表达"你过意得去吗""你这么做对得起大家吗"等意思。不过，如果我们追溯"良心"的本义就会发现，"良心"会"痛"还真是一件奇怪的事情。

"良心"这个词早在先秦就已出现。在孟子"性善论"的学说中，"良心"主要是指一种天然的善良心性。《孟子·告子上》有言："虽存乎人者，岂无仁义之心哉？其所以放其良心者，亦犹斧斤之于木也。"朱熹解释这句话中的"良心"："良心者，本然之善心。即所谓仁义之心也。"因此，"良心"原本是一种抽象概念，并非指实际存在的人体器官，更谈不上有"痛"感了。这种抽象含义后来被理解为一种对是非善恶的判断与认识，是一种素质。由于最初包含有"本然存在"的概念，"良心"便多与"丧失""发现""泯灭"等动词搭配。

然而"良心"中"心"的含义却在人们使用过程中逐渐发生改变：由"抽象的意识功能""心性"向着具象化的"心脏"靠近，"良心"整体也随着"心"字含义的实体化而显得越来越具体。

依照"良心"的本义，我们也能说"凭良心说话做事"，这里的"凭良心"和"凭本事""凭人品""凭信誉"等用法相似，其指称还是比较抽象的。但是在口语中，我们往往会将这句话表达为"摸着你的良心说话"，这样的表达方式具有生活色彩，同时生动形象，这句话中的"良心"似乎也变得可以触摸，类似于一个实体了。再如，民间俗语有"良心被狗吃了"的说法，尽管"良心"本义并没有改变，但这句话实际上利用了"心"抽象的和具体的两个意义而产生了双关效果。2015年，某电视台制作了系列节目，名为《噗通噗通的良心》，表情包中也有配字为"我的良心活蹦乱跳"，这些用法中的"良心"几乎可以和"心脏"这一人体器官等同，既带有原本词语就含有的"良知""天然善性"的意思，同时又似乎是一个具体可感的身体脏器了。

再来看和"良心"搭配的"痛"字。疼痛感是一种不舒适的感官刺激，往往让人联想到"难受""痛苦""憋屈"。原本我们就有"痛心"这个词语，表达"伤感难过"的意思，通常是发生了不好的事情让人感受到心理上的痛苦难受。后来随着网络上对于这种情感的玩味，"心好痛"与"心好累""心好塞"一起半带自嘲半带调侃地风行了一段时间。由于"良心"还包含了一层"良知"的意思，"痛"的感觉在和良心一起出现的时候也变得更加具体，一般意义上的"痛苦"随之细化为"被谴责""被声讨"的负罪感和悔恨感，于是"你的良心不会痛吗"便不出意外地被大家理解并接受了。

和许多其他表情包用语一样，"你的良心不会痛吗"也逐渐在向调侃的方向发展。近期知乎上的一篇帖子更是再一次提升了这句话的热度。某网友在知乎上提问道："很重视的友情对方却不看重是一种怎样的体验？"有网友回复：杜甫给李白写了10首诗，而李白只写了首《赠汪伦》。由于回答简短幽默，这个帖子被不断转发点赞，并标上了醒目的标题："李白，你的良心不会痛吗"。当然，李杜二人的关系肯定不是一个段子能概括的，该网友也澄清这条回复只是一次"抖机灵"的创作，但还是在网络上引起了不小的风浪。再结合这句话本身具有的非正式色彩，"你的良心不会痛吗"已经不再是一种严肃的指责，更多的是一种调侃戏谑的讽刺。

　　现在，在使用"你的良心不会痛吗"的时候，我们可以调侃涨价的奢侈品，我们可以吐槽制作不够好的节目，或者指责一个伤害相对较小的行为，但是这样的语言已经明显不再适合严肃重大的社会事件，若有新闻想借此来吸引眼球，还是谨慎衡量这句话的分量为妙。

你的"肝"还好吗

魏久欣

"这么晚了，快去睡觉吧。""等我肝完这一集就去睡！"

"你最近的黑眼圈怎么这么重？""别说了，我肝了好几个晚上的毕业设计。"

不知从何时起，"肝"已经成为我们生活中的常用语。无论何时，总有人在不知疲惫地"肝"着论文。每到考试周，总有一个群体在图书馆里"肝"着一本本专业书。不同的人在朋友圈里不约而同地用一个字叫嚣抱怨着自己"惨绝人寰"的生活，那就是——"肝"。

"肝××"最早来源于游戏圈中"爆肝"一词。许多游戏发烧友为了完成任务而整晚打游戏，在中医看来，熬夜伤肝，于是网友们就将这种通宵打游戏的行为称为"肝"，而那种特别拼命的人就被"尊称"为"肝帝"。为了进一步突出这种行为的后果，网友们就在"肝"的前面加了个前缀——"爆"。"爆"，灼也，热也。熬夜通宵即意味着将自己的肝脏拿到火上炙烤，能不伤肝伤身吗？因此，"肝"成了"熬夜拼命干某事"的代名词。

在汉语中，我们常有"肝肠寸断""肝胆相照""大动肝火"等用法，不难看出，作为人体的一大器官，"肝"和我们的情绪本身就有着千丝万缕的联系。如今的年轻人承受着巨大的工作压力,工作到深夜会易怒、焦躁,再加上"肝"现在有熬夜这个意思的加持,"爆肝"很容易就流传开来了。

为了使"肝"的用法更加广泛,网友们将名词活用,赋予了"肝"动词的用法,作为动词的"肝"可以随意搭配,"肝论文""肝报告"等应时而生。这时的"肝"就不再具体指人体的某个器官,也不再局限于熬夜做事。"肝××"表示了一种"费时费神的、大工作量的行为"。这个用法一经开发,便广为流传:中学生深夜复习、做作业叫"肝作业";大学生熬夜写论文叫"肝论文";工作人员通宵写报告叫"肝报告";度过难熬的工作日叫"肝过这一周";喝到某个难喝却又不舍得扔掉的饮料叫"肝了这杯水";有些人不眠不休追完几十集的连续剧叫"肝剧";甚至还有网友直言放弃叫"肝不动了"。"肝××"开始是在青年群体中流行,不过现在也逐渐年轻化,一些小学生也过上了"伤肝"的生活。他们也要面带微笑地"肝"完老师布置的各科作业,虽然是"宝宝心里苦,可是我不说"……

当"肝××"逐渐流行,我们会发现潜藏在这个词背后的一种现代人的生活方式。为什么现在熬夜已经成了年轻人的生活常态?为什么我们动不动就"爆肝"?分析其原因,不过是社会压力增大的结果。社会生活节奏越来越快,要求人们必须保持长时间的高效率工作,工作的时候必须像卷紧了的发条,不间断地运转。而高速的工作节奏必然会使工作量骤然增加,需要处理的文件堆积如山,于是乎加班成为一种常态,工作时间的加长使得原来的休闲时光推迟。但劳累了一天的人们并不能接受属于自己的休息时间被压缩，于是追剧、打游戏的"夜生活"倒是有滋有味，但睡觉的时间就自然而然地被挤占。

其实不管你是游戏发烧友还是正在加班的职场精英，不管你是为论文头疼的大学生还是被试卷、作业"淹没"的中学生，都应该合理规划好自己的生活，不要仗着年轻气盛去挥霍自己的健康。在你醉心于自己眼前的"事业"的时候还是应该适时"扪肝"询问一句："今天你还好吗？"

"头秃"与精神困境

颜鑫渝

我们在生活中除了见识"头秃"的现象，更是经常听到"我头要秃了""真令人感到头秃""学到头秃"等直接表述，以及"头有点冷""头发渐渐消失"等间接表达。"头秃"产生了一种新的语义和语境，反映着当代青年面对生活压力的精神状态。

"头秃"一词最早是指一种生理现象，即"头上没有或有很少的头发"，也就是常说的"秃顶"。但是，"头秃"与"秃顶"语义相近，使用语境却发生了改变。"秃顶"在大家的印象中，是发生在中老年男性身上的一个生理现象。但是在当今社会，不少青年已不同程度地出现了掉发现象，重者已全秃，轻者发量减少。广大群众便把这一现象与高压力、高强度的工作环境以及平时熬夜、饮食不规律等不良生活习惯联系起来，认为正是由于生活的艰辛，他们的身体机能加速衰老，于是纷纷叫嚷着自己"要秃了"。不过，"头秃"虽带一个"秃"字，表达的意思却不光是"一根头发都没有"，还包含"发量减少""因压力脱发"等现象。"头秃"在不少情况下带有夸张成分，从一个描述生理变化的词语变成了描述精神状态的词语。

最能表现这一情况的莫过于网上曾经流传的一位同学从本科到博士期间的证件照，三张证件照展示了一名90后容貌的先后变化，最引人注目的是那从浓密到稀疏的头发。不少同样在学术研究过程中经历了挑灯苦读、废寝忘食的网友，见此纷纷大呼"学到头秃""学习真叫人头秃"。在这里，"头秃"指的是由于环境压力大而导致的不同程度脱发。除了刻苦学习的学生，"头秃"的情形还适用于各种高压力的工作者，大家面对困境的心酸和压力尽在不言之中。

"头秃"来源于压力，人们感到有压力，哪怕只是轻微压力的时候，也会说一句"真令人感到头秃啊"，以此表达他们对眼前棘手境遇的感叹。在这种情况下，"头秃"并不指当事人出现了秃头现象，而是指当前情景比较棘手，需要动脑思考一番才能解决。从这个角度看，"头秃"具有了难以马上解决困难的意思。有时，这种"头秃"还具有抱怨的意味，比如"单身真叫人头秃"，显然不是单身让人头发一根根掉落，更不是单身让人面对超级强大的压力，而是人们抱怨单身这个境遇让他们感到焦虑，但是又无法马上解决。

同时，"头秃"也衍生出了一系列相关表达，比如开篇所说的"头冷"，指因为头发减少，头部没有遮盖物而感到寒冷。比如"学建筑很容易的，就是头有点冷"。这里更多体现的是打趣和消遣的意味，少了高压力工作者那种与生活抗衡的心酸。

头秃的语境有种种不同，但是它们却殊途同归，指向了当下青年面对高压力、快节奏的生活而应接不暇的社会现象。虽说人生需要压力，但还是希望大家能够好好平衡自己的工作与休闲时间，调整好面对困难的心态，别让"头秃"的精神困境过早降临。

别让"毒舌"成为习惯

陆秋尧

　　自脱口秀节目《金星秀》热播以来，"毒舌"一词在网络上再一次出现井喷。主持人金星以辛辣直接的点评横扫娱乐圈，荣登"毒舌女王"的宝座。其实，早在2005年，《超级女声》的评委就因不留情面的点评而被称为"毒舌评委"。那届"超女"不仅捧红了歌手，也捧红了一众"毒舌"评委，"毒舌"一词随之在网络上迅速流传开，至今仍保有极高的"出镜率"：

　　主角豪斯医生是个愤世嫉俗的大毒舌

　　过年最容易遭遇到的十大毒舌问题

　　惨遭金星毒舌过的明星

　　上述网络新闻标题中，"毒舌"既作名词，指说话刻薄的人；也作形容词，形容话语或人的刻薄尖酸；还用作动词，指用刻薄的言语攻击。

　　那么，"毒舌"的这些意义又是从何演变而来的呢？"毒舌"，顾名思义，就是"有毒的舌头"。早在唐代，"毒舌"就出现在了卢仝的《月蚀诗》中："南方火鸟赤泼血……月蚀鸟宫十三度，鸟为居停主人（寄寓之所的主人）不觉察，贪向何人家？行赤口毒舌，毒虫头上吃却月，不啄杀。""南方火鸟"朱雀在诗人的笔下犹如魔鬼般张着血红的嘴，吐着有毒的舌头，却不啄杀毒虫。诗人以四方神灵失职暗指社会的混乱。《汉语成语源流大辞典》收录了成语"赤口毒舌"，解释为"形容诽谤中伤或咒骂，言辞十分恶毒"，可省作"赤口"。

然而，成语"赤口毒舌"在日常口语中早已不常使用，"毒舌"在网络上重焕活力更得益于日本动漫影视的传播。日语中也有"毒舌（どくぜつ）"一词，意为"说刻薄话、挖苦话、恶毒的话"，说话"毒舌"的人被称作"毒舌家"，如：

就连卡介伦和先寇布这样的毒舌家，也好像被吸去了毒气似的，一反常态地沉默着。（当代日本小说《银河英雄传说》）

或许，网络上最初用来指"说话刻薄的人"的"毒舌"是"毒舌家"的省略，但"毒舌"一词又是如何产生"说话恶毒"之义的呢？我们要从"毒"和"舌"这两个语素入手。"毒"的基本义是能够导致生病死亡的物质，作形容词又有"毒辣、猛烈"之义，比喻对人的身心产生伤害。"毒舌"中的"毒"既可指说话的毒辣、猛烈，又可表示话语对听者的心灵产生伤害，如同"中毒"一般。"舌"本义是舌头，灵活的"舌头"在人发声的过程中起到调节口腔气流的重要作用，人若没有舌头就难以发出各种各样的声音，于是"舌头"就逐渐用来指代"说话"。由此，"毒"和"舌"组合产生了一个生动的新词，它将一个复杂的意义包含其中——"说话尖酸刻薄，并能对人的精神和心理产生一定的伤害"。这是一种言语攻击行为，网络上甚至还出现了《毒舌安全使用说明书》，其中写道："毒舌会造成一种名为'玻璃心'的心理症状。"

现在，"毒舌"的词义逐渐扩大，许多人说话犀利直接一些就会被称为"毒舌"，"毒舌"不仅指言语攻击，也可指一种不带恶意的习惯性调侃。在动漫里，"毒舌"是人物所具有的萌属性，拥有这种属性的人物总是喜欢用各种方式讽刺人，却往往受人欢迎。受到日本动漫的影响，中国的网络小说或电视上也不乏具有"毒舌"属性的人物，如演员蔡明在央视春晚系列小品中所塑造的"毒舌"形象。她的经典语录有："脸这么平，长得跟井盖似的。""我估计两个人参加比赛，你都进不了前三。"

影视作品中的"毒舌"们常常口出金句并带有冷冷的幽默气息，让人恨不起来，一针见血的"毒舌"台词也让观众叫好，许多明星更是靠"毒舌"达到一语激起千层浪的效果。有人说金星虽然"毒舌"，但却说出了这个社会不敢说的"实话"。"毒舌"一词似乎正在"洗白"，但在现实生活中，千万别让"毒舌"成为一种习惯，"毒舌"带"毒"，"以毒攻毒"易两败俱伤。

为什么受伤的总是"眼睛"

朱玲奕

　　打开电脑,带有"辣眼睛""闪瞎双眼""洗洗眼"字样的标题扑面而来。你也会发现,活跃在各论坛和聊天室里的人动不动就惊呼"真是闪瞎了我的钛合金狗眼""快给我盆水洗洗眼睛"。又或许,面对种种令人震惊的现象,你也不由自主地为自己"眼睛"受到伤害而鸣不平。为什么大家都这么喜欢用"×眼睛"来表达自己的震惊之情呢?

　　我们知道,眼睛是人的视觉器官,在今天这个"读图时代",眼睛具有的重要性更是不言而喻。俗话说:"眼睛是心灵的窗户。"实验也早已证明,完整的视觉体验是眼睛和大脑协同工作的结果。因此,眼睛承担着连接客观世界和主观心埋的职责,这就令用"×眼睛"这样的形式表达人的心情成为可能。

　　就拿"辣眼睛"来说,它原本指洋葱汁、辣椒水等刺激物进入眼睛后引起流泪、红肿等生理现象,但在网络语言中,它常被用来表达震惊、厌恶等心理反应。这一转变背后隐藏了一个比喻:那些可怕的图片信息就像辣椒水一样刺激我们的眼睛,使我们的身心都受到了伤害。"辣眼睛"的说法把生理层面上眼睛对环境的应激性反应,延伸为眼睛接收到外部图像后生成的心理感觉,把这种震惊的情绪通过直观的方式幽默地表达出来。

也许你会以为，"×眼睛"这样的形式是最近才在网上流行起来的。然而，只要稍作观察，你就会发现，它甚至不能算是现代人的专利——很久以前古人就如此使用了。成语"拭目以待"的字面意思是"擦亮眼睛等待着"，其中的"拭目"和"刮目相看"中的"刮目"，都跟现在说的"洗眼睛"极为相似，均表露出一种在眼光和看法上除"旧"迎"新"的愿望。"触目惊心""一叶障目"等某种程度上更像是"辣眼睛""闪瞎眼睛"的"温和版"。

"×眼睛"在进入网络空间后，对"震惊"的效果进行了不遗余力的放大。粗略地讲，从"辣眼睛"到"洗眼睛"再到"闪瞎双眼"是一种层层递进的关系，相当于受惊吓后的"轻伤""中伤"和"重伤"。我们在语言上不惜使"眼睛"受到伤害以表现内心的震惊，这意味着随着互联网时代的到来，人们得以接触到越来越多的五花八门的信息，一般描述震惊的方式已经无法准确表现此种心理了。于是乎，面对那些给人以强烈视觉冲击、让人万万没想到的内容，"×眼睛"这样形式简明而表现夸张的结构受到了普遍青睐。

当然，"×眼睛"的语义也不是固定不变的，在不同的语境下，使用者可以借其表达不同的褒贬态度。如："闪瞎双眼！战斗民族就是不一样，这才是'真炫富'！"其中"闪瞎双眼"的意思于"震惊"之外多了一种"艳羡"的味道。而在"这些'老女人'的夸张造型简直闪瞎双眼"里，同样是"闪瞎双眼"，其隐含的"雷人"意思得到了强调，但显然不再带有赞赏之意。

"×眼睛"到底能流行多久？让我们拭目以待。

你"确认过眼神"了吗

段佳蕊

2018年春节，网络上刮起一股"确认眼神"之风，从最初的热搜新词逐渐传入寻常百姓家，在日常网络语言中被广泛使用。

从最初传达男女爱意的"确认过眼神，我遇上对的人/是我爱的人"，到同学之间互相推荐自己的偶像"确认过眼神，是最帅的×××"，进而由人及物"确认过眼神，是我要买的包"。然后各类商家借此为广告语，展开了"确认过眼神，是要买的×××"的竞争。就连主流媒体新闻标题也"紧跟潮流"：《人民日报》官微在高考前发博"确认过眼神，你是能考上双一流的人"，"央视新闻"官微在张学友演唱会上抓到逃犯的新闻中说"确认过眼神，你就是要被抓的人"。可见，"确认过眼神"已深入各年龄层和各媒介的使用之中。

说完它的用法，让我们来回顾一下它的"前世"：该句发源于歌词"确认过眼神，我遇上对的人"，出自林俊杰2008年发行的歌曲《醉赤壁》，在当时广为流传。有人唱错成"确认过眼神，你就是我的人"，后被调侃改编为"确认过眼神，你可能不是人"用于互相攻击吐槽。那么这样一句歌词为何在10年后会一跃成为网络流行语呢？

2018年2月15日（除夕），微博网友"玩网小学生"发博"确认过眼神,你是广东人",以吐槽广东人过年红包面额小,引发外界热议,展开各地压岁钱红包数额的讨论。后有搞笑博主"文科班校花酱"发布视频《傻子看傻子觉得对方才是傻子》,内容是两个男生在楼下用手机拍趴在楼顶的哈士奇,哈士奇则一脸冷漠地看着楼下。网友评论"确认过眼神,是不想理的人",此评论收到6000多个赞。简短诙谐的文案、图文结合的形式、轻松幽默的谈资,皆与当下的网络传播规律相契合,引得众人纷纷效仿"确认过眼神"句式。

追本溯源,似乎汉语总是钟情于"眼"的表达。在今天的"读图时代",又有霸占网络词坛的"给你一个眼神,自己体会""×××的'眼神戏'太到位了"等一众"眼神体"。在这样的背景下,"确认过眼神"借势走红也就不足为奇了。

"确认过眼神"也反映了一定的社会心理,"确认过"有种甄别的意味,先确认再发言的程序使其带有一种让人信服的力量。这也反映了信息接受者在面对良莠不齐的海量消息时的困惑,寄希望于他人的"确认"而免去自己的鉴别和思考。"确认过眼神"本指人与人之间面对面的眼神交流,强调在场性与甄别性,但随着大范围使用,"眼"所承担的识别和交流作用急剧下降,从最初人与人之间眉目传情的互动到现在人与物之间的单向"确认","先确认,再发言"的可信度已大打折扣。种种"泛确认"之下,我们还能相信别人的"眼神"吗?

今天,面对海量信息,我们一定要保有理智,通过自己的思考和鉴别,真正用"慧眼"来"确认"。

长盛不衰的"打脸"

丁欣

打脸，字面意义是击打脸部，但网络语言中的"打脸"，显然是使用它的比喻意义，指的是：某人自信满满地断定事态的发展，但之后出现了完全相反的结果，这个时候大家都会纷纷吐槽，就像一记耳光重重打在某人脸上。如："说好的早起，结果睡到中午，被狠狠打脸，真疼！"

被打脸的对象不限。指他人时，用于表达自己并不看好此事，得到验证以后的嘲讽心态；指自己时，则是以戏谑的方式缓解尴尬，产生自嘲的效果。一般来说，人才能被"打脸"，但随着该词的流行，无生命的对象也可以被"打脸"。

"打脸"的用法并不复杂，值得讨论的是为什么"打脸"发展出了这些引申义。"打脸"是直接击打脸部，通常说成"打耳光"。为什么网络语言不用打耳光而用"打脸"呢？

先说"脸"，"脸"是个体身上最容易辨识的部位，因而成为个体的象征。"脸"代表着一个人的尊严，"要脸""不要脸"是有无尊严最通俗的说法。与"脸"有关的俗语还有"打人不能打脸""光着屁股上吊——死不要脸""上嘴唇挨天，下嘴唇着地——没有脸"等，都反映了这种对"脸"的理解。"脸"往往还和人的心理感受联系在一起，如"儿子考了一百分，父母脸上有光"，"脸上有光"说明父母因为儿子优秀而骄傲自豪。而"儿子考试作弊，父母感到没脸见人"，"没脸见人"说明父母感到惭愧羞耻。

再说"打"，这一动作是迅速有力的，被打的滋味肯定不好受。"打"这一动作发生时，手掌狠扇过去毫不犹豫，打过之后肌肤火辣辣地疼痛，随即在心理上产生强烈的负面情绪——惊愕、难过、痛苦……这些都是由"打"联想到的生理与心理的双重折磨。追溯"被打"的原因，一般不是毫无缘由的，通常是做出了与社会规范、道德标准截然相反的事情。

由此，"打"的激烈加上"脸"的内涵，"打脸"就自然而然演变出来了。

为什么"打脸"一词可以长久不衰？首先，"脸"代表个人形象的用法深入人心，本应该悉心维护，却被无情扇打，这一反差形成了新奇的表达效果，也和当今人们追求"简单粗暴"的心理倾向有关。其次，"打脸"这一行为的画面感非常强，网上有许多关于打脸的漫画和表情包，对这个词义的流行也起到了推波助澜的作用。最后，"打脸"一词简洁易懂，形象表达出事件发生大逆转的态势，因而被许多新闻报道特别是新闻标题所选用。

因此，我们预测"打脸"并不是一个昙花一现的流行词，它还能在新词层出不穷的网络上驰骋多年，甚至逐渐成为人们习惯的日常语言。至于这个预测是否将来也会被"打脸"，那就需要时间来验证了。

从"吃土"到"剁手"

毛惟

在网购逐渐普及的今天，商家营销的力度也越来越大。在这种消费大背景下，网络购物的主要群体——年轻人的实际经济收入显然是无法满足日益膨胀的消费欲望的。在"双十一""双十二""周年庆"等大型购物狂欢节时，网民被各种商家抢钱，"吃土""剁手"这类反映因购物而缺钱的词语也风头正盛。

"吃土"，顾名思义就是穷到没钱吃饭只能吃土，后引申为网络购物后的缺钱窘境，常被用来形容购物的疯狂程度，网友们常在过度购物后自嘲花销太大下个月"吃土"。"拒绝烂大街，今年秋冬这两款香水我吃土也要买！""找到平价替代唇膏的我终于不用再吃土。"类似用法到处可见。

"吃土"真正被推广到全民使用，是在2015年"双十一"购物狂欢节之际，随着集中出现的疯狂购物活动，"吃土"一词从网友自嘲推广为全民自嘲。有网友为了表示比"吃土"更穷的状况，衍生出了更廉价的"吃沙"。无论是"吃土"还是"吃沙"，其词语的本身意义已经被弱化，引申出的"贫穷"意义在不断被加强，并且语用范围也在逐渐扩大，由原先疯狂购物后的资金短缺扩大到几乎任何原因导致的贫穷。

如果说"吃土"是通过省吃俭用来应对购物花费太大的办法，那么"剁手"就是从根本上切断消费的手段。"剁手党"是《咬文嚼字》发布的2015年度"十大流行语"之一。"剁手"指的是通过强行断绝购物方式来控制自己的消费，就是消费者在冷静之后意识到冲动消费的问题，想要管好自己的手，别再买买买，产生剁手明志的冲动。因为手是挑选商品、付款的主要器官，网友们认为只要"失去"了手这一工具就能够控制自己的购物欲。其实从古至今都有做了后悔之事后砍掉手指以明志的过激做法，如剁去手指以戒赌、戒偷等。在购物欲爆棚的今天，出现由砍手指"升级"而成的"剁手"，也是有历史渊源的。

分析这两个和消费有关的网络热词可以发现，有些网络词语的词义虽然看上去仍然保持着字面意义，但事实上词义还是虚化了，被网友们用来夸张地表达一些特殊心理。

网购少任性，希望广大消费者不要轻易被那些光怪陆离的营销策略煽动而头脑发热，从根本上管住自己的"手"。

花鸟虫鱼汇

猴年"猴赛雷"

金美帆

　　要说2016年春节最热的流行语，恐怕非"猴赛雷"莫属。如果要用一句话解释"猴赛雷"的含义，那便是粤语"好厉害"的意思。但"猴赛雷"的蹿红远非是谐音相关那么简单。

　　"猴赛雷"的产生要从2016年春晚吉祥物"康康"说起。"康康"的形象一经公布，就引来了一片热议，尤其是它脸颊上两个凸起的设计，显得特别突兀。对此，"康康"的设计者、国家一级美术师韩美林回应称，这两个圆球是要表现出小猴子吃饱时腮帮子鼓鼓的样子。但这一解释并不令人满意，这两个圆球非但没有表现出小猴子吃饱时可爱的样子，反而使"康康"的形象显得难看且雷人。所以，就有网友将这一夸张的设计戏称为"猴腮雷"。

　　"猴腮雷"之"雷"包含两个层面的含义。最基本的是指"猴腮"很"雷人"，此外，"雷"还有"手雷"的意思。这缘起于一些网友的恶搞，在漫画中将这两个圆球处理成手雷，甚至还可以被猴子从脸颊上摘下来，扔出去炸敌人。这无疑又进一步加强了"猴腮雷"所具有的"雷人"意味。

　　"猴腮雷"到"猴赛雷"是如何转变的呢？这还要从"猴腮雷"三字的谐音说起。我们知道，"猴腮雷"与粤语"好厉害"的发音相似，若想将"好厉害"这一释义完全纳入到"猴腮雷"的含义中去，那么首先要做的便是尽可能地去除"猴腮雷"三字原本字面意义的干扰。从"腮"字入手替换，是最合适的。一方面，"腮"字最直接地引导人联想到康康面部的两个凸起；另一方面，替换掉中间位置的"腮"可以最大程度地起到陌生化效果。"赛"与"腮"读音相近，又带有"超过"之义，从音义两方面同时应和着"好厉害"的意思。

此后，"猴赛雷"就逐步脱离吉祥物的束缚，广泛地在人众间流传开来。可以说，"猴赛雷"的迅速蹿红是由多方面因素共同促成的。下面就让我们从三方面来简要分析一下。

一是"猴赛雷"沾了猴年的喜气。"猴赛雷"中既有"猴"，又带有"厉害""出色""好"之类的意思，适合用作拜年时的祝福语。"猴年祝大家猴赛雷"亦即"祝大家在新的一年各方面越来越好"的意思。无论是健康、事业、学业，"猴赛雷"无一不适用。这大大增加了"猴赛雷"的使用频率。

二是情感意味丰富。春节过后，"猴赛雷"依然具有很强的生命力。这还得归功于它所具有的丰富的情感意味。一是带有调侃、反讽意味的"猴赛雷"，这一层含义从"猴腮雷"之"雷人"衍化而来，并不指真正的厉害；一是积极正面的"猴赛雷"，表达自己对事物由衷的肯定、赞叹、惊异之情。

三是替代性强。"猴赛雷"的情感意味丰富，常能替代一些其他网络流行语。如"吓死宝宝了""被惊呆了"等在一定场景下都可以被"猴赛雷"替代。又如网络转发、回帖时经常用到的"赞""顶"

和一些表惊讶的语气词等都可以用"猴赛雷"来表达。一些表情符号，如大拇指 (表赞)、哭笑不得 (表无奈) 等，如今也常与"猴赛雷"搭配使用。可见"猴赛雷"的场景适用性有多强。

简简单单的"猴赛雷"三个字，竟能拥有如此百变的意味，不禁让人感叹一句，猴赛雷呀!

被虐的"单身狗"

舒蕾

近年来,"虐狗"一词在网络上流行起来,主要指在各种秀恩爱场景中,单身人士被恩爱的情侣无形中孤立出来,孤寂的心灵遭受极大的创伤。较早在网络社区出现的"单身狗"一词,是理解"虐狗"这个网络流行语的关键。

"单身狗"一词在网络上的起源与周星驰的电影《大话西游》有关。《大话西游之大圣娶亲》最后一幕有一句台词:"你看那个人,他好像一条狗!"这句话引起了巨大反响,激发了年轻人在孤独人生里摸爬滚打、生活不易的心理共鸣。逐渐地,"单身狗"就成了单身者的自嘲说法。

在网络用语"虐狗"里,虐的并不是真狗,而是"单身狗"。这种用法已经相当普遍。凤凰资讯早在2015年10月5日就登出了一则题为《又秀恩爱!看奥巴马夫妇如何花式虐狗》的新闻。"虐狗"甚至被写进了流行歌曲,歌手吴亦凡在《Bad Girl》中唱道:"而我现在是一条单身狗/不要虐狗/放开你的手/我想我需要一杯酒。"这些都是直接使用"虐狗"一词的网络语言含义,夺人眼球。

再说说"虐狗"中的"虐"字,"虐"是"虐待"的省称。"虐待"本是指用残暴狠毒的手段对待某些人或某些动物,但在"秀恩爱"

的场景中，对旁观的"单身狗"造成的伤害主要是心理上的，而且程度并没有那么严重。情侣高调地你侬我侬、卿卿我我、搂搂抱抱，单身者使用"虐"这个词，很大程度上带有夸张意味，主要是为了表达单身者的不满和嘲讽。

"虐狗"一词在使用中很灵活，常组成"花式虐狗"，强调的是情侣秀恩爱的招数五花八门。比如为了表达对他们的不满就可以说："我就静静地看你们花式虐狗！"网上有"朋友圈最虐狗的情侣对话，看完想谈恋爱了"等，直接把"虐狗"用作形容词，表达也更加生动活泼。和"虐狗"中的"狗"意义相同的还有网络语言"狗粮"中的"狗"，都是指"单身狗"。当一个人说"我被喂了一把狗粮"时，他在自嘲被秀恩爱的情侣"虐"到了。

"虐狗"这个词在实际运用中容易产生误解，让一些人以为真的是虐待犬类。一些有关虐待犬类的报道也用到"虐狗"一词。所以，大家在具体使用时，还是要辨别清楚到底虐的是什么"狗"。

加油！猪猪女孩！

邹王菁

    网络语言中经常用动物来比喻人。"猫系女孩"说的是像猫一样时而可爱黏人、时而傲娇别扭的女孩。"犬系男孩"说的是像狗一样忠实可靠、温暖贴心的男孩。可你是否听说过"猪猪女孩"？在许多人的印象中，猪是又懒又馋的代表，即便是像二师兄那样的猪仙，在取经路上都是贪吃好色、惹祸不断。那么"猪猪女孩"难道是比喻像猪一样好吃懒做的女孩吗？让我们来看看：

    答辩被怼也不是一天两天的事了，谁还不是个不认输的猪猪女孩？

    身体是革命的本钱，过了今天又是一个活力满满的猪猪女孩！

    实际语境中，不难发现"猪猪女孩"前的定语经常是充满正能量的，"猪猪女孩"绝非是负面形象，反而代表了一种不认输、不随意、充满活力的生活态度。"猪猪女孩"被用来形容像小猪一样平凡无奇的普通女孩，她们有乐观、励志的精神和单纯、娇憨的特质，因而受人喜爱。在"猪猪女孩"心中，美食是第一位的，因此她们容易满足而成为乐天派，具有相当积极的生活态度。她们带着一点傻乎乎的气质，但这反而使她们看起来更大大咧咧、单纯可爱。

    从构词上看，"猪猪女孩"是个叠音词。叠字常常带来一种可爱化甚至幼龄化的效果，比如"吃饭饭""睡觉觉"，因此"猪猪"带有网络用语常见的卖萌口吻，显得亲切生动。从意义上看，近些年来，为猪平反的研究成果被人不断提出，研究表明猪是一种善良、温驯的动物。随着认识的多元化，虽然人们的刻板印象不能被根除，但"猪"本身的贬义色彩也在一定程度上淡化了。

在实际使用中，"猪猪女孩"常常被用于自我评价。"猪猪"一词具有新加的积极色彩，却又带有"猪"的旧有负面意义，所以称自己是"猪猪女孩"也有复杂的意思。"自己简直变成了猪猪女孩，吃了睡，睡了吃。"在这样的语境中，"猪猪女孩"被用作自嘲语，调侃自己的懒惰生活。而"精致的猪猪女孩绝不认输"，意为虽然自己是普通的女孩但也有强大的能量，这是一种风趣的自我鼓励和俏皮的反抗宣言。再如"早晨护肤，做个精致的猪猪女孩"，这是一种以退为进的表达，表面上说自己貌不惊人，实际上却在努力护肤，期待着他人欣赏自己不断变美的过程，确实是年轻女孩口不对心的风格了。

在"猪猪女孩"的用法中，"精致的猪猪女孩"是最常见的搭配，"精致"与"猪猪"对立统一，用诙谐的口吻道出女孩们认真遵守的生活信条。"猪猪女孩"如何"精致"生活？第一阶段，使自己的外貌变得靓丽大方，"猪猪女孩"细致耐心地挑选护肤品和衣物饰品，同时保持良好的生活习惯。第二阶段，给生活增添仪式感，"猪猪女孩"热衷于享受各种节日氛围，给自己和他人制造小惊喜、小情趣。最后，"猪猪女孩"以努力摆脱平庸，不断靠近理想中的自己，活成那个平凡但精彩的女孩！

男人都是"大猪蹄子"？

付秦钰

　　猪蹄营养丰富，烹饪方式多样，所以广受人们喜爱。然而在2018年，一组"男人都是大猪蹄子"的表情包走红网络，一夜之间，"大猪蹄子"火了。

　　在韩国节目《信号小屋》中，男主角没有选择和一开始与其暧昧的女生在一起，因而被观众大骂"太渣"，后来就把"主角"谐音成了"猪脚"，口语化就成了"大猪蹄子"，现在用来代指善变的、具有欺骗性的男人。

　　起初，"大猪蹄子"是女性用来吐槽男人变心、说话不算话的常见用语，多用于描写追求的时候山盟海誓，到手之后毫不珍惜的渣男行为。之后，"大猪蹄子"的语义发生了泛化，并不单纯指"负心汉"，而是泛指有欺骗行为的男性，其用法等于"大骗子"。比如《延禧攻略》中的皇帝乾隆就被网友在弹幕中刷屏"大猪蹄子"，原因就是皇帝明明喜欢魏璎珞，但就是不承认，让网友们看着干着急。《延禧攻略》中的第二个"大猪蹄子"是富察傅恒，他在剧中一开始信誓旦旦地说自己非璎珞不娶，可是转眼就和尔晴拜堂成亲。琼瑶剧《情深深雨蒙蒙》也被网友扒出来，指出其中的何书桓也是"大猪蹄子"，在依萍和如萍之间摇摆不定。

后来，"大猪蹄子"又发生了转义，也可以用来指不懂浪漫、不解风情的"直男"，多用来形容男性无法领会女性的心态和行为。比如不明白为什么女生一定要化妆，不明白为什么要买很多口红，或者不懂为什么今天女朋友又生气了，等等。到这时候，"大猪蹄子"已经逐渐演变成女性用来吐槽男性的戏谑之言，而并非一种真正的辱骂性语言，甚至可以用来作为情侣之间的爱称。很多女生将自己男朋友的微信备注都改成了"大猪蹄子"，开心时甜腻地说"我家的大猪蹄子真好"，生气愤怒的时候又会骂"男人都是大猪蹄子，没一个好东西"。

"大猪蹄子"这个既能表达吐槽意味又带有一定趣味性的词语很快就不仅仅限于男女间的戏谑用法，而可以用来形容其他社会现象了。2018年10月12日，《金融界》公众号发表了一篇有关美股暴跌的报道，标题是《听说美股才是大猪蹄子？》，对于"屡教不改"、坚持加息的美联储，文章称其为"大猪蹄子"。"大猪蹄子"在此具有"欺骗者"的比喻引申义，为人们的谐谑表达又增加了一个可供选择的词。

"吸猫"的猫奴

朱玲奕

> 权志龙在家"吸"猫, 网友: 活得不如猫。
>
> 空巢老人集体吸猫, 孤独的心从猫身上稍得慰藉。
>
> 你单身, 我单身, 那我们一起……吸猫吧!

无论是在互联网上还是在日常生活中, 我们经常能够看到"吸猫"一词。那么, "吸猫"究竟是怎么一回事? 这一说法又是如何流传开来的呢?

我们发现, "吸猫"一词并非凭空产生, 它来源于"吸猫体质"。"吸猫体质"也叫"招猫体质", 主要形容那些天生就会受到猫咪喜爱和欢迎的人, 其中的"吸"为"吸引"之义。与会主动讨好人的狗相比, 猫算是一种比较孤傲的动物, 因此具有吸猫体质通常是一件令人羡慕的事。

然而, "吸猫"的词义并未止步于此。随着一篇名为《妖妖零吗? 这里有一群不法猫奴聚众吸猫!》的文章走红网络, 以及之后微博上的恶搞视频《真正的瘾君子是如何吸猫的》被疯狂转发, 人们开始接受"吸猫"一词的新义, 即把脸埋在猫身上, 而后进行一番深呼吸, 以感受猫的味道。此时, "吸"摆脱了原来的"吸引"义, 变成了"将气体引入体内"的意思。"吸猫"由此作为一个动词, 受到广大爱猫人士的追捧，并被广泛地传播开来。

不过，在具体的使用过程中，当一个人说到"吸猫"时，很多情况下并不是真的在凑近猫咪并且使劲地嗅着，而是对猫做一些类似于抚摸或者拥抱的动作，有时甚至只是远距离观看，并没有与猫发生直接接触。尽管如此，这些行为也都被归入到了"吸猫"之中。可见，人们对"吸猫"一词的使用已经不再仅仅局限于它的字面义了。

要是有着"吸猫"的冲动和欲望，但身边一时没有猫该怎么办？不少人会选择一种叫作"云吸猫"的方式。"云"表示通过互联网进行资源共享，所以"云吸猫"说的就是到网上看别人分享的猫咪照片或视频的行为。例如"我已经变成每天抱着手机云吸猫的痴汉了""以前狗狗是我心里的第一位，现在隔着屏幕云吸猫"等。

随着"云吸猫"一词的高频使用以及"云吸猫"行为的普遍化，人们开始省略其中的"云"字，直接用"吸猫"来形容看有关猫的图片或视频的行为。至此，"吸猫"一词的意义彻底泛化：无论是与猫发生肢体接触，还是静静地观看猫；看的无论是现实中的猫，还是图片或者视频中的猫，都被囊括在"吸猫"范畴之内。

与此同时，"吸猫"和人们对猫的喜爱密不可分。因此，很多时候人们要表达"爱猫"之义，也就直接说"吸猫"了。于是，"吸猫"就从具体的动作义，引申出抽象的情感义，如"吸猫族"就是形容对猫有着狂热之情的人。

那么，为什么人们会如此青睐"吸猫"这一说法呢？我认为可能有两个主要原因：首先，单就原始的"吸猫"，即将自己的头埋进猫的毛里使劲嗅这一行为来说，其实是比较疯狂的一种举动，所以在抚摸猫或者观看猫时称自己在"吸猫"，就有将实际行为夸张化的意味，并且给人极强的画面感。

其次，"吸猫"很容易让人联想到一个与它结构类似的词——"吸毒"，这从"吸猫成瘾是21世纪传播最广的病""这里有人聚众吸猫"等句子中可以被清楚地看到。一方面，毒品能使人形成瘾癖，将猫与毒品类比，能很好地突出猫的可爱令人沉迷，欲罢不能。这也是对猫可爱的一种夸张化和形象化的说法。另一方面，既然猫是可以用来吸的"毒品"，那么吸猫之人自然就成了"瘾君子"。他们对猫抱有极度喜爱之情，以至于像沉迷毒品一样，充满戏谑。称爱猫的人为"瘾君子"，与过去称其为"猫奴"和"铲屎官"等，都是在活泼生动中带有浓浓的自我调侃的味道。

从古至今，人类从未停止过对猫的喜爱。无论你的心情是舒畅还是郁闷，一起来"吸猫"就对了。

浑水"摸鱼"

李玮

　　说到"摸鱼"，人们的脑海里常会出现这样一幅画面：卷起裤腿，踏入清亮的溪水或者池塘，在水中捉鱼。或者，会联想起成语"浑水摸鱼"，比喻在混乱时捞取利益。但是，网络用语中出现的"摸鱼"并不是这些含义，而是更加接近"偷懒"，往往是指不干正事而去干别的事情。例如：

　　明明已经要接近期末了，我却还在摸鱼。

　　书看久了就会想摸鱼。

　　"摸鱼"的意思是做一切与当前要务无关的事情，可能是刷微信、玩游戏或者打瞌睡等。这种语境下的"摸鱼"有着很深的自嘲意味，有一种明明有正经事情要做但是却无法集中精力的无力感。在"拖延症"盛行的今天，这样的心境想必很多人都有体会。

　　"偷懒"的意味延伸下去，"摸鱼"在很多时候专指那些"浅尝辄止"的行为，不太认真地做，没有付出太多心血。例如，一位画师在发布一张随手拈来的习作时就可以使用"摸鱼"这个词。

　　在"摸鱼"的使用过程中，"摸"和"鱼"之间还可以插入其他成分，"摸鱼"从一个整体的比喻意义变得可以独立理解和使用。例如：

闲着没事，来摸条鱼吧！

我今天又摸了一天的鱼。

"摸鱼"从一个词变成了述宾短语，在使用的时候变得更加灵活。"摸"也具有了"轻微的、随性的"含义，甚至有这样的用法：

今天突然有了灵感，赶紧摸一摸。

这部作品真好看啊，摸个里面的角色。

这里的"摸"不是真的用手触摸，而是用"摸"来表达"摸鱼"的意义。

与此同时，"鱼"也可以替换。例如，一位画师发布了自己的写生练习作品并且配字"摸鱼"，而在粉丝看来这幅作品已经具有非常高的质量，就会有这样的评论："这哪里是摸鱼，简直是摸鲸"或者"简直是摸鲲"。这里的"鱼"已经被替换成"鲸"或"鲲"，显然比一般的"鱼"要大很多，摸的"鱼"的大小可以代表"摸鱼"作品的水平高低。这样的用法十分活泼，能够让人体会到语言的魅力。

就用法而言，前文提到的两种"摸鱼"有不同的指向：在表达"偷懒"意味的时候，"摸鱼"往往用于自嘲，例如"我怎么又摸了一天的鱼"；如果是指自己做的程度不那么深的事情，则是自谦的用法，意在表明自己的水平还不够，还在努力练习。

从在浑水里"摸鱼"到在偷懒的时候"摸鱼"，"摸鱼"一发而不可收。今天，你摸的又是什么"鱼"呢？

快转发这条"锦鲤"

贾颖月

中国锦鲤来了！2018年10月7日，支付宝官方微博抽奖平台从300多万转发者中抽出了唯一的"中国锦鲤"。微博昵称为"信小呆"的网友获得200多家商户提供的"中国锦鲤全球免单大礼包"。一时间这条幸运的"锦鲤"引起了网络热议，其微博也被纷纷转发："转发这只信小呆，你也将成为锦鲤，往后生活幸福美满！"

其实，转发、评论、点赞与锦鲤有关的微博来祈福的现象在网络中早已屡见不鲜："点赞+转发好运锦鲤，一个好消息就要来了。""转发锦鲤，美梦成真。""锦鲤"背后究竟有何神秘力量，能引发全网转发热潮呢？

"锦"可形容色彩鲜艳华美，诸多与"锦"有关的成语，如"繁花似锦""前程似锦"，均含褒义。"鲤"是我国流传很广的吉祥物，鲤鱼的"鱼"与"余"同音，谓之"年年有余"，反映人们生活美好、衣食有余的心理愿望。《诗经·衡门》吟咏："岂其食鱼，必河之鲤？岂其娶妻，必宋之子？"将挑选鲤鱼与挑选美貌妻室并论。

中国自古有"鲤鱼跃龙门"之说，喻人官运亨通。而锦鲤真正"跃上龙门"是在日本。锦鲤最初由中国传入日本，经过日本养殖者改良培育后更加绚丽多彩，备受皇族喜爱，人们赋予其吉祥、幸福的文化内涵，甚至视锦鲤为日本国鱼。除了现实中养殖的锦鲤，网络虚拟空间中的锦鲤符号也呈现出了明显的外来文化与本土文化相融合的特点，五月鲤鱼旗、日式庭院中的大和锦与昭和三色锦鲤都成了"锦鲤祈福"微博的主要配图。如今，锦鲤兜兜转转又回到中国当起了"网红"，吸粉无数。

网络用语"锦鲤"的诞生，是将锦鲤图像与"锦鲤"二字抽象为好运的符号。如："锦鲤附体的经历"即好运降临的经历。"锦鲤转运""锦鲤祈愿""锦鲤还愿"指以锦鲤图像作为视觉符号，以文字表达使用者愿望，在网络平台上实施的祈愿行为，如："转发这条锦鲤，九月好运连连！""锦鲤保佑，工作顺利，心想事成。"

后来，随着微博抽奖活动的热度增长，"锦鲤"开始泛指在小概率事件中运气极佳的人。选秀节目《创造101》中的"锦鲤"是杨超越，她在个人微博上许下的很多心愿都实现了。于是，类似"杨超越锦鲤头像升级版，转发就好运"的微博也开始被大量转发。在网络中，杨超越与信小呆象征着好运，本来已被抽象为好运的"锦鲤"又具象化了。

生活的压力无处不在，转发"锦鲤"隐含着人们追求美好生活的愿景。但是，过度迷信也不可取，不劳而获是空想，努力才是关键。就像"锦鲤大王"说过的："我们锦鲤界有句名言：愿望和运气交给锦鲤，你只管努力就好！"我们不否定对美好生活的期盼与向往，但我们也要为幸福而努力奋斗。真正激励我们的不是一条"锦鲤"，而是你的拼搏与你内心想要变得更好的愿望。

"咸鱼"能不能翻身

宋垚珺

　　面对学习的压力，你可能会高喊"我差不多是一条咸鱼了"；面对工作的挫败，你可能会感叹"咸鱼翻身还是一条咸鱼啊"；面对不那么明朗的未来，你可能会勉强自勖"要做一条有梦想的咸鱼"……就这样，咸鱼从人类餐桌上的食物变成了人类自我指称的修辞。事实上，有不少学者已经指出：动物王国是语言隐喻最能产的地带之一，与动物相关的隐喻大多影射人类的行为或品质。比如过去的"害群之马""地头蛇"，又比如当下流行的"单身狗""熊样"。究竟为什么"咸鱼"可以从众多的动物意象中脱颖而出，表示不做事、不想动、失去梦想的人呢？

　　首先来说说"咸鱼"一词的起源。第一，"咸鱼"的流行可能是方言词的普用现象，即从方言词转变为普通话中的词语。咸鱼在粤语中是"死尸"的引申义，后因电影《少林足球》中周星驰的台词"做人如果没有梦想，和咸鱼有什么区别呢"与五月天的励志歌曲《咸鱼》而走红。网络同时异地的性质使得五湖四海的朋友们可以尽情地沟通交流，方言的地域壁垒被取消，咸鱼也因此从方言变为一个在普通话中尤其是网络上使用频率高且稳定的词语，而其本来的地方色彩渐渐被淡化甚至取消（不再是粤语中"死尸"的意义)。第二，我们也可以将咸鱼的词义再生看成是对之前已经被广泛使用的俗语——咸鱼翻身的一种改编。网络用语往往力求一种新鲜感，在我们日常熟悉的语料上动点手脚、创造新意是其惯用的伎俩。以往我们追求的都是咸鱼翻身、出人头地，网友们就趁机打破这个传统认知，开始追问咸鱼何苦要翻身，甚至为不能翻身的咸鱼翻案，人人都戏谑着要做一条咸鱼。第三，"咸鱼"之"咸"在发音上恰巧与"悠闲"之"闲"相同，咸鱼也由此承载了悠闲的、无所事事的人的所指。

我们来考察一下人们使用"咸鱼"时所处的情境。从指称的对象来看，"咸鱼"更多是用在关系亲密的朋友或是自己身上，是一种谦称，却不够典雅庄重，是一种讽刺，却又营造出轻松的氛围，反映了一种"亲则狎"的语用习惯。换句话说，倘若不小心将咸鱼用在长辈或其他身份地位尊贵的对象身上，那么对方很容易将其视为一种侮辱。从使用的场合来看，"咸鱼"符合其作为网络用语的性质，是需要置于一种非正式、非严肃的场合之中使用，二是其用法常常突破一般的语法规则，如"别咸鱼了""做人不能太咸鱼"。

最后我们来谈谈"咸鱼"背后蕴藏的文化意义。要知道，咸鱼原来多用于指摘与谴责。如西汉刘向编纂的《说苑》中，与"幽兰之室"形成鲜明对比的"鲍鱼之肆"，后者常常指小人聚集的地方而多含贬义。但随着"咸鱼"的走红(包括语言与表情包的使用)，咸鱼原来的贬义性质被不断削弱，当下年轻人往往并不在意被调侃为"咸鱼"，甚至还热衷于自比为咸鱼。这是因为，咸鱼的使用能够帮助人们实现缓解压力、自我宽慰的效果——通过降低自身的主观能动性，即从人的身份降级为动物的身份，以此获得逃避压力的借口，实现负面情绪的宣泄。但同时，咸鱼又以幽默而生动的形象使人不至于太绝望，暗示着这种焦虑是可以通过回归原来的人的身份——即"不做一条咸鱼"而消除的。"咸鱼"作为人消极状态的隐喻，实际上标志着"丧文化"对当下年轻群体的影响越来越大，并借助网络这一平台，使人们可以抒发内心深处真实的情感。

干了这碗"鸡汤"

宫雪娇

如今的生活节奏快、压力大，在碎片化、快餐化阅读时代，你是否曾读过这类打鸡血般的励志语录——"你可以经常失败，但是唯有在放弃的时候，你才成为失败者。"（李开复）或者是文章《爱要深，心要狠，幸福不能等》。或者是歌词"不经历风雨怎么见彩虹""擦干泪，不要怕，至少我们还有梦"……没错，这些都是"心灵鸡汤"。

"心灵鸡汤"源于杰克·坎菲儿、马克·汉森创作的图书《心灵鸡汤》，书中包含约100个激发志气、温暖心灵的小故事。此书出版后广受欢迎，一时洛阳纸贵，也使"心灵鸡汤"成为一个社会流行语。人不只身体需要补充营养，心灵也需要滋养，"心灵鸡汤"成为"通俗易懂、温暖人心、能够励志，又不乏智慧开示"的代名词。具备这些特点的文章、书籍、图片、影像在今日的大众社交文化中均可称为"鸡汤"。有人说，人在社会中生活，面对残酷的现实，不时需要励志的语言、柔软的情感灌溉心灵。鸡汤之所以有市场，正在于它迎合了人们内心的情感需求。

俗话说"心灵鸡汤暖人心"，然而"暖人心"的"鸡汤"却在社交网络乱象中变了味儿，不少已失去了"原汁原味"，甚至加入了一些有"毒"的"佐料"，成了"心灵毒鸡汤"。"毒鸡汤"的"毒"主要体现

在以下两个方面:

其一,过去散发着满满正能量的心灵鸡汤逐渐向"负能量段子"靠拢,成为"心灵砒霜"。比如:"不要以为世界抛弃了你,世界根本没空搭理你。""只要是石头,到哪里都不会发光的。"然而,这些充满着"负能量"的毒鸡汤却引发热议,受到追捧,许多网友认为"偶尔自嘲一下也能得到很多欢乐""看完后我整个人豁然开朗了,觉得这似乎才是人生的硬道理"。究其原因,心灵鸡汤给我们以美好的愿景,心灵毒鸡汤则告诉我们生活的不易。面对现实生活的残酷与艰难,自嘲、自黑已成为不少人减压的手段。因而,很多年轻人认为,与其拿一些徒有其表的鸡汤来自我麻痹,不如多读毒鸡汤使自己的心理承受能力更为强大。

其二,许多看似是鸡汤实则暗藏营销和诈骗信息的"毒鸡汤"在社交网络中屡见不鲜。商业利益永远是最强大的助推力,各类"箴言妙语"目不暇接,各种广告难辨真假,层出不穷的微信"爆款"文章充斥朋友圈,此类帖子往往附带广告或广告链接,有的甚至直接将广告植入到帖子当中。"鸡汤"现已成为许多营销信息诱导网友的工具,背后则是一条条收益不菲的产业链。面对这类"毒鸡汤",我们要擦亮双眼,摆正心态,不要轻信朋友圈中推荐的各类广告。

我们的生活固然需要鸡汤,但这鸡汤终究应该是文火慢炖的,从而产生智慧与知识。而偷工减料、以次充好、添加有毒佐料,尤其是暗含商业营销和诈骗信息的"毒鸡汤",在本质上是碗"假鸡汤",我们应该提高鉴别力,坚决抵制。

"吃藕"会变丑吗

王璐瑶

网上曾经流行一个笑话,问:吃什么会变丑?答案是藕。为什么说吃藕会变丑呢?其实你只要跟着我念一遍"吃藕——丑"就会明白了,原来这是网友们在用"吃藕"委婉地表示"丑"呢!

"吃藕"一词源于百度贴吧,某网友发帖问一个游戏中的人物是不是很丑,不小心把"丑"打成了"吃藕"。从此,以"吃藕"表示"丑"的用法,在网上流行起来。比如:"今天被老板忽悠剪了个吃藕的发型。""有一个特别吃藕的男朋友是什么体验?""为什么我发啥样的照都说我吃藕?"

"吃藕"的网络用法与中国传统注音方法"反切"不谋而合。所谓"反切",就是用两个汉字来拼注另一个汉字的读音,基本要求是切上字取声母,切下字取韵母和声调。例如"东,德红切""替,他计切"。根据这个规则,"丑"正好是"吃藕切",也就是取上字"吃"的声母ch,再加下字"藕"的韵母ou与上声声调组合而成。

在古代,反切除了在读书识字时用于注音外,由于其隐蔽性,还大量运用于制作"隐语"。宋代就有根据反切原理制作的竞技游戏"击鼓射字",将汉字的反切按声、韵、调编码,再用击鼓的次数把信息传递给对方,这就要求游戏双方要非常熟悉汉字的反切法。

明朝著名将军戚继光也曾把它运用于军事密码的编制。他编了两首诗歌作为"密码本",一首是:"柳边求气低,波他争日时。莺蒙语出喜,打掌与君知。"另一首是:"春花香,秋山开,嘉宾欢歌须金杯,孤灯光辉烧银缸。之东郊,过西桥,鸡声催初天,奇梅歪遮沟。"取前一首中的前3句15字的声母,依次编号1—15;取后一首36字的韵母,依次编号1—36;再将当时字音的八种声调依次编码1—8。使用时依照反切注音法来编码和解码,如果密码是"5-25-2",5就是反切上字"低",25是反切下字"西",2是阳平,也就是现在声调的二声,"5-25-2"就可切出"敌"字。这种反切码实用科学,极难破译,已经是相当先进的密码技术了。而近年来,流行于小商小贩、江湖艺人中间的隐语行话——"反切秘密语",也引起了相关人士的注意,有些甚至已经成为我国的非物质文化遗产。

把"丑"表示为"吃藕",就是利用反切原理制作的"隐语"。这种反切隐语可以使词义的表达更加隐晦含蓄,不仅大大加强了语言的新奇感和神秘感,还隐藏、消解了"丑"字原先的攻击性,甚至带有了调侃、自嘲的意味而显得"萌萌哒"。清代小说《镜花缘》中就曾写过这样一个运用"反切"来嘲讽的小故事:主人公多九公在黑齿国卖弄学问,被当地学生以"吴郡大老倚闾满盈"相对,多九公一时摸不着头脑,后来仔细一琢磨才发现自己被人用"反切"骂了。原来这个学生说的正是"问道于盲"四字的反切,借此来暗讽多九公的无知卖弄呢!由此可见,"吃藕"反切嘲讽的用法是有其渊源的。

此外,还值得一提的是,现今网络语言中还存在着一种与反切类似的语音应用——合音。例如"酱（这样）""造（知道）"等，都是"合两字之音急读而成一音"的合音字。同反切语一样，合音字也是汉语中自古已有的现象。比如古汉语中的常用兼词"诸"就是"之于"的合音。而在一些方言中，人们常常把"不用"说成"甭"，也是合音现象。

不管是反切语还是合音字，其实都体现了汉语文化的博大精深。如果对这些知识不够了解，就有可能闹出笑话来。如果某天有人说你"吃藕"，你可不要像多九公一样摸不着头脑呀！

"白莲花"溯源

傅娅倩

一说到白莲花，就不得不提及周敦颐的《爱莲说》："出淤泥而不染，濯清涟而不妖，中通外直，不蔓不枝，香远益清，亭亭净植。"这是何等纯洁、美好！同样，在白居易的《东林寺白莲》中"白日发光彩，清飙散芳馨。泄香银囊破，泻露玉盘倾"，可谓倾尽全力描绘白莲花的美好姿态和清雅的香气，甚至用了"但恐出山去，人间种不生"作结——在诗人心中，那圣洁的白莲花本是天上的仙子，又怎会在人间长留呢？

长期以来，白莲花在人们的印象中就是高洁、美好的形象。但是，在当今的网络语言中，当"白莲花"重新活跃于人们的视线之中时，它又出现了怎样的转变呢？

最初，"白莲花"是用来形容琼瑶小说中的女主角的。比如，《梅花烙》中的白吟霜、《还珠格格》中的夏紫薇，这两位女主角都有着善良柔弱、隐忍奉献、宽容大度的性格，尤其是偏执地追求"善"与"爱"，且不分对象。这些特点正与白莲花所象征的某些品质、特征契合。所以在一些文学作品中，女性角色出现这样的性格设定时，就会被贴上"白莲花"的标签。

20世纪80年代，琼瑶小说以及琼瑶剧在大陆升温，其作品的女主角几乎"承包"了"白莲花"式的设定，千篇一律的性格毫无变化。而在21世纪初，网络言情小说开始进入人们的视野，其中模仿琼瑶"白莲花"式女主角的作品比比皆是。因为"白莲花"角色过于"博爱"以至于是非不分，人们对她们的态度由最初的同情，渐渐变成了厌恶，甚至愤怒，颇有一种"怒其不争"的意味。

在上述情绪的基础上，"白莲花"的网络语义发生了彻底的贬义变化。这个变化最早源于某影视明星接受采访时，自称是娱乐圈的"白莲花"，但事实是关于这位影视明星的各种黑料并不少。所以，网友们对其自称"白莲花"的行为不买账，甚至在采访播出后，暗讽其为"白莲姐"。同时，各路网络小说作者又在言情小说中塑造着"升级版"的"白莲花"——外表看上去纯洁、楚楚动人，其实内心阴暗、恶毒，一味装纯洁、装清高，其实却是做作的人。更具体地说，指的就是一味给女主角使绊子、下黑手的恶毒女配角，但是她们会以自己柔弱的外表和伪善的行为来迷惑其他人，以达到为自己"洗白"的目的。至此，"白莲花"已演变为一个具有强烈贬义色彩的流行语了。

值得一提的是，2017年10月29日，在北京举办的首届"燧石文学奖"，特别为年度抄袭作品设立了一个"白莲花奖"，主要是为了打击抄袭、洗稿等文坛不正之风。我们可以看出其中对于文坛不正之风的嘲讽，但更多的却是对广大作家、读者的提醒和警示。

网络时代的"白莲花"走上了与最初高洁的象征相反的道路，其讽刺意味不言而喻。希望表里不一的"白莲花"学会做人之道，做更真实的自己，让生活更和谐美好。

从"柠檬人"到"柠檬精"

杜蓓琪

近来成精势力又添一员猛将"柠檬精",它起源于电竞圈。由于某电竞战队未获奖,其粉丝就发表了很多酸气十足的话语,被各路粉丝戏称为"柠檬人"。

"吃不到葡萄说葡萄酸"用来形容妒忌的心态。而在网络时代,"柠檬"代替了"葡萄"成为"酸"的代名词。说到柠檬,大家的第一反应肯定是很酸,柠檬的酸属性比葡萄的更明显,因此网友们选择了"吃柠檬"来表示妒忌。"吃柠檬"的人就是"柠檬人",形容那些躲在键盘后表达很多酸言酸语的人。他们通过贬低别人来提升自己的优越感,嫉妒心很强。而"柠檬人"成精就变成"柠檬精","柠檬精"是"柠檬人"的升级版。

"柠檬人"和"柠檬精"的兴起与如火如荼的粉丝文化有着密不可分的关系。在网上攻击成本如此之低,网络生态也就不那么和谐,出现了一些非理智粉。他们往往会失去客观性,不加思考地维护自家偶像,而且讽刺、攻击别家的粉丝,现在对他们也有了新的称呼——"柠檬粉"。

"柠檬精"最初的产生是为了嘲讽他人,近来它的贬义色彩在不断下降。"柠檬精"们也意识到自己在嫉妒,但明明知道嫉妒不好，又很难战胜这种情绪，于是坦然承认"我酸了，我是柠檬精"，有着自嘲、调侃之意。"酸"如果打成柠檬的表情符号，则又衍生出"我柠檬了"这一流行语。此外还衍生出许多其他变体，如"柠檬树上柠檬果，柠檬树下你和我（只有我）""我坐在高高的柠檬山上""一起恰柠檬"（"恰"是"吃"的方言表达）……这里面的嫉妒之情也往往变化为一种羡慕之意。

"柠檬精"贬义色彩的褪去还体现在柠檬没那么酸了，"柠檬精"中出现了"酸甜柠檬精"这一种类，用来形容被别人的浪漫爱情甜到，又不禁产生醋意的复杂心情。原来，"柠檬精"酸在嘴里，甜在心头，这和之前流行的"发糖""撒糖"有了呼应，此外，还出现了"柠檬糖"，其中包含着一种欣赏和祝福。

"柠檬精"产生于2017年，到现在产生了更强大的生命力，很直接的一个原因是我们处在一个信息爆炸的时代。看到网络上铺天盖地的秀恩爱行为，我们会不禁酸一下，网友们还把2月14日情人节称作"柠檬日"或"柠檬节"。看到偶像的超高颜值，底下就有一大片粉丝为之酸倒。看到同龄人找到了好工作，有了可观的收入，一股柠檬的气息才下眉头、却上心头……我们只能说"不知道为什么，柠檬它围绕着我"。

此外，更重要的一个原因是"柠檬"和当下社会心理暗合。"羡慕嫉妒恨"是一种普遍的人类情感，我们有着追求理想生活的愿望，但往往被生活本身所局限，最终止步于艳羡他人的人生，"柠檬"一词让这种隐秘的情绪以一种玩笑化的方式得以抒发。用法上，网友更倾向于用柠檬的表情符号来代替"柠檬"二字，柠檬的表情可爱，也更加委婉。在这扎堆的柠檬体中，"檬友们"在彼此身上求得了一种认同，自嘲中既带有好笑，又透露着心酸。

希望大家都做一个理智而文明的"柠檬精"，可以"恰酸"，但不可过度，小酸怡情，大酸伤身。

大家来填空

"行走的××"

张筱媛

    网络用语的数量之多、更新换代之快, 与其受众面之广有很大的联系, 孕育出这些热词的正是人才辈出的网民群体。"行走的××"是近年横空出世的固定结构, 红极一时。

    想必大家身边一定存在"行走的表情包"吧, 也就是那些表情丰富的人。这一用语的流行源于对游泳名将傅园慧的一次采访。在里约奥运会女子100米仰泳半决赛中, 她以58秒95的成绩晋级决赛。让她爆红的不是这个成绩, 而是在接受央视采访时她那萌翻所有人的表情和语言。"表情包"本来是一种利用图片来表示感情的方式。随着社交网络的发展, 斗图行为愈演愈烈, 这类图片以搞笑居多, 且构图夸张, 通过收藏和分享此类图片, 人们可以获得不少趣味。所以傅园慧自带的综艺气息、极其生动的表情变化以及"倾尽了洪荒之力"的夸张配文, 使她的个人性格与表情包完美契合。从此她就头顶"行走的表情包"的外号, 一举一动都难逃网友的法眼。

    与此相类似的还有"行走的荷尔蒙""行走的CD"等。荷尔蒙就是激素, "行走的荷尔蒙"是把美若天仙的女神们和"穿衣显瘦, 脱衣有肉"的男神们比拟作性激素, 形象描述人们见到他们时, 体内荷尔蒙分泌从而产生性冲动, 被他们的美貌性感征服。而CD作为出版商品，里面的歌曲歌唱水平、音质效果肯定是无与伦比的，将人比作CD，可见其现场演唱水平之高，稳定度、音准、音质都堪称完美，足以与CD媲美。

从修辞学的角度讲，用"表情包""荷尔蒙""CD"来描述人物，这是拟物的修辞格，再用"行走"去修饰"表情包""荷尔蒙""CD"，使死气沉沉的物品顿时感染上了生命的活力，这是移就修辞格。正是这种物体展现出来的奇怪样态体现了语言的幽默感，给使用者带来了欢乐和审美满足。

其实这种语言用法，之前也不乏例证，如"活字典""两脚书橱"等。沈从文的《八骏图》里有这样一段话："他一定知道许多故事，记着许多故事。我想当他作一册活字典，在这里两个月把他翻个透熟。"字典是收录并解释文字的工具书，然而没有生命特征的字典加上了个"活"字，就有了生命力，用来描述人，则夸张地表现了他的知识渊博。

总的来说，网友是先通过提炼某类人的显著特点，将该类人事物化，变成了表情包、CD、荷尔蒙……而后又赋予这类事物以人的特征，使它们得以"行走"。这个结构中可以填入更多的特征，花样百出，灵活多变，至今仍在网络上保持着较高的使用率。

"土味××"是什么味道

蒋雅心

随着"土味情话"一夜爆红, 土味直播、土味女孩等流行语也开始刷屏, 人们不难发现"土味文化"已经在互联网中悄然占据了一席之地, 以"土味××"为形式的热词甚至蔓延至主流媒体:

从田间寻常物到国际展会, "爆款"新疆乡村"土味"特产变身（新华网2018年9月1日）

土味变形金刚? 面包车改装变身"移动加油车"（央视网2018年10月9日）

这场盛大的网络"土味"狂欢不禁让人好奇: "土味"到底是什么味? 它是如何演变出现在的意思的? 人们为何又对这个乡土气息浓郁的词语情有独钟? 让我们来一起分析该词的来源和兴起, 揭示其背后的文化心理。

从词源角度看, "土"的本义指"土壤", 后来词义扩大, 引申为"土地、疆土、田地"等。随着语言的不断发展, "土"的词义又发生变化, 产生了"乡土、本土、地方"等意思, 比如土纸、土音、土兵等。明清时期, 随着传统民族文化和现代外来文明的碰撞, "土"产生了新的意思——俗气的、不合潮流的, 也即"非现代化的", 多指我国民间沿用的生产技术、设备、产品和其他各种事物。"土"和"洋"由此成了一对反义词，例如人们常说的"土纱"和"洋纱"。由此可见，"土"的含义极其丰富，褒义指的是田园、乡土、接地气，贬义是指赶不上趟儿的"土鳖、土包子"。

而目前网络上使用的"土味"大致有以下两种含义：一是"不高级的、俗气的"。例如土味文化，就是指一种源于民间、植根乡土的网络文化。最初以微博营销号"土味老爹"和"土味挖掘机"的搞笑段子和短视频为代表，具体形式包括社会摇、喊麦、尬舞等。视频中刻意营造的虚假都市氛围、非主流风格的打扮和着装、浮夸而自信的演技让人啼笑皆非。这种土味文化是由于庞大的乡镇群体涌入网络、盲目模仿城市文化而产生的，而"土"就是在乡土社会和都市社会的文化隔阂被网络放大的情况下成了一个贬义标签。

二是后来演化出的"让人感到尴尬、不适"的意思，例如土味情话、土味歌词。土味情话是借用了段子形式的对话体情话，类似于冷幽默的翻版。主要是利用谐音和情境给人一种出乎意料的喜剧效果，可谓"套路遇上情话"，让人直呼"尬尬的"。相比"土里土气"却冒着粉红泡泡的土味情话，更让人想吐槽的还是影视剧中的土味台词和流行歌曲的土味歌词。比如琼瑶剧《情深深雨蒙蒙》中的台词"你有毒，请把我毒死吧"就饱受诟病，还有周杰伦的歌曲《不爱我就拉倒》中的"哥练的胸肌，如果你还想靠"也堪称土味歌词的代表。

不管怎么说，"土味"始终暗含贬义，也不符合人们传统意义上的审美追求，但为何还是受到人们乐此不疲的狂热追捧，并在网络的推波助澜之下愈演愈烈呢? 原因复杂多样, 其一是顺应了大众心理。土味文化作为网络文化的产物, 让大众在愉悦中得到放松是其重要的特质之一。它以新奇独特的形式满足了人们的猎奇心理, 人们出于戏谑消遣、从众跟风的目的, 纷纷玩起了"土味梗"。此外, "土味"的通俗、"接地气"也使它更易于被接受。

回顾"土味"的发展, 其兴起固然昭示着通俗文化的巨大影响力, 但如何在兼顾大众趣味的同时不让网络文化流于恶搞和低俗, 才是这场狂欢背后值得深思的问题, 毕竟喜闻乐见、雅俗共赏且能守住底线的大众文化才是我们所追求的。

"喜提××"，"喜"有几分

段佳蕊

"喜提六大小长假""喜提火锅一顿"等表述在社交媒体上层出不穷，主流媒体也不甘示弱："哈尔滨昨'喜提'大雪，冬天渐入佳境""恭喜文牧野导演'喜提'影响中国2018年度人物""王祖蓝'喜提'小棉袄，升级当爸爸"等新闻标题不胜枚举。

"喜提"是"开心地提取到了某物"的缩略语，这样的表述因不同于"喜报""喜爱""提取""提出"等常见词语而具有某种新意，从而被广泛使用。这种创新与"提"字的语义泛化密不可分。《说文解字》："提，挈也，从手，是声。"本义指垂手拿着有环、柄或绳套的东西，进而引申出取出之意，如提取、提货。而在"喜提"中，"提"的语义进一步泛化，"提"的受事不仅是客观实物，还发展到一系列抽象对象，大事小事喜事哀事无所不包，统统可"提"。

"喜提"的语义泛化不是突兀的，人们可以轻易通过字面意义推测出"喜提"之意。经过"提"字含义的引申发展，日常生活中早有"提货""提车"这样的表达。作为网络流行语的"喜提"一词，早期在"微商"群体中用于自我炒作，如"李小姐加入微商三个月，通过自己的努力获得奖金十万元，喜提爱车"。网民对其加以恶搞，后来更是出现了"喜提"火箭、轰炸机、国际空间站等说法。

　　网民一方面借"喜提"来吐槽微商，一方面也发现了"喜提"的精练之处，仅仅两个字就将人的心情与事件完美结合，如此经济实惠的表达契合了大众的使用需要。如此一来，便出现了无所不在的"喜提"。开心的事情要喜提："恭喜××明星喜提粉丝两千万""喜提海底捞一顿"；忙碌的生活也可以喜提："恭喜生活喜提我的狗命""喜提八篇论文"；就连糟心的事也要"喜提"："喜提大学以来最严重的失眠""喜提感冒"。这种"喜"字受事的转移并非新创，前些年爆红的"喜闻乐见""喜大普奔"就已经带有某种嘲讽和解构的意味。"喜闻乐见"本指人们喜欢听、喜欢看的事物，但在网络用语中却是一种幸灾乐祸的表述。例如甲说："开卷考试带错了书。"乙回答："喜闻乐见。"还有"喜大普奔"一词，作为"喜闻乐见、大快人心、普天同庆、奔走相告"的缩略语，既可用来形容值得开心的事亦可是幸灾乐祸型的嘲讽。"喜"字承担的复杂情感为网民提供了"喜提"的阐释空间，使得"喜提"有了更广泛的应用。

　　现代生活的重压之下，人们通过"喜提"的自嘲来解构生活的种种无奈，虽然被生活、工作、学习"喜提狗命"，但人们依然热爱生活，一顿大餐、一个小假期、一个通过努力而获得的成就都值得"喜提"。对于美好事物强调"喜提"，并分享在朋友圈，也是个人积极乐观形象的建构或者说是一种知足常乐的体现。而这也是如今奋斗着的青年们的普遍现状：一面被生活压迫，一面又不甘碌碌无为；一面感叹生活之苦，一面享受苦中作乐。一味抱怨未免太"丧"，他们只好用"喜提"的自嘲来表达生活的喜怒哀乐。

"学×"族强势来袭!

曾艺彤

说起学习等级，想必人人都不陌生：古有"进士、举人、生员（秀才）"之分，今有"学霸、学渣"之别。在"学霸"这一网络热词的引领下，近年来网络上频繁出现了一组依据学习能力和学习成绩高低而划分的新兴词语，大致上有如下几类：

学神：表面上疏于学习，实际上学习成绩名列前茅的学生，比学霸的学习能力更强。

学霸：学习刻苦、成绩突出，处于学习生物圈上层的高智商学生。

学痞：品行不端但学习成绩好的学生。

学民：智商普通，膜拜学霸，却瞧不起学渣的学生。

学渣：平时不努力学习，临近期末时才开始突击的学生，又叫学灰。

学弱：刻苦学习到身体虚弱，不堪重负，但学习成绩仍然较差的学生。

我们不难发现"学×"词的大量产生，在词语结构上来看主要源于类推机制，"学渣"等词就是以"学霸"为模型，按照"学×"构词规则而产生的。这些词语受到了网络媒体和学生群体的青睐，被广泛应用在多种语境中。

对于"学×"词来说，尽管它们在语词模式、语用功能上具有一定的共性,但它们彼此之间的个性仍值得注意。除了语义上的差别,"学×"词之间的差别也在于产生的时间不一致。根据《汉语大词典》第四卷的记载,"学霸""学民"这两个词语在古代汉语中已有使用:学民,指有知识的人,儒生;学霸,指学界的恶棍,即依仗势力在学校或者教育界为非作歹的人。申时行的《明会典》中记载了"生员内有刁泼无耻之徒,号称学霸",《商君书·农战》中记载了"国有事,则学民恶法,商民善化,技艺之民不用,故其国易破也"。这些史料都是"学霸""学民"存在于古代汉语中的历史性证据。但很明显,今天作为划分学生学习态度与成绩水平的新词语,与旧词义之间并没有任何意义上的联系。

语言的适应性和生命力决定了"学×"词的产生和流行,也必然反映出一定的社会文化心理。划分学等的行为在古代早已出现,但"学×"词作为校园文化与网络文化相结合的产物,不仅是网络上热议的新兴语词,更是学生们评价定位、自嘲调侃的新方式,而这种黑色幽默恰恰是缓解学习压力的体现。

在互联网的推动下,"学×"词族的影响力已经从校园语境辐射到了通用领域,如:"抗癌学霸"指的是医学抗癌领域的牛人,"美鉴学渣"指的是美术鉴赏领域的落后者。进一步看,"学×"词族的语义主要指向学习、学术上具有"×"属性的人,这种指向性在词义层面上决定了"学×"词和带"×"的其他词族的联系,这种联系正是"学×"词族辐射性的基础。如"学霸"和"学渣"还可以联系到"网霸"(即互联网领域的领军人物)和"网渣"(即互联网环境里的"污物"），房产界"销神""销霸""销渣"，以及"麦霸""考霸""座霸（高铁占座者）"等。"学×"词族依靠词语结构和新旧词义的灵活运用不断衍生，大大增加了社会语词的丰富度。

对我们每一个人来说，"学×"词的现实意义应该是：它告诉我们，无论你的能力如何，无论你付出多少，所有人都能在自己的领域内找到属于自己的位置，成为"学×"族的一员，并且从当下的位置出发，争取早日进阶高位！

从"灵魂歌手"到"灵魂××"

蔡世琦

近年来，随着歌唱类综艺节目的风行，"灵魂歌手"这一说法也随之流行。这让很多人感到十分困惑，"灵魂歌手"是怎样的歌手呢？

首先要从"灵魂音乐"说起。灵魂音乐起源于20世纪50年代的美国，是一种结合了节奏蓝调和福音音乐的音乐流派，《美国流行音乐通史》将其归纳为"带有福音歌宗教热情的节奏布鲁斯"。灵魂歌手原本是指唱灵魂音乐的歌手，通常来说他们都十分强调内心感情的自由表现，而且与黑人宗教有关，被誉为歌唱灵魂的歌手。后来人们便借用这个概念来形容那些用心唱歌的歌手，这些歌手不一定有好的歌喉，重点是凭借歌唱的热忱而表达动人的情感。譬如帕尔哈提被称为"灵魂歌手"，就是因为广大网友认为其嗓音穿透灵魂深处，深深触动听众的心。

而后发展出"灵魂××"这样的结构，比如"灵魂唱法""灵魂发声""灵魂唱腔"。有趣的是，词语的流行与其意义上的多元化发展往往是相伴而行的，这一用法不再限于歌唱领域，"灵魂画手""灵魂舞者"等用法也十分普遍，它们都借用了"用灵魂"来干这件事的概念，如"灵魂画手"的绘画技巧不一定高超，但其作品一定温暖人心。

不过"灵魂××"虽然重情感表达，但也隐含技术较差的含义，而且由于越来越多的综艺节目中出现所谓"以情取胜"的滥俗场面，"灵魂××"中所蕴含的负面意义被逐步放大，甚至转化为在此事上毫无天赋却还执着于此的人。比如"高手在民间! 灵魂歌手唱哭选秀导师"，此例中唱哭选秀导师的原因，乃是唱得十分难听却以自己喜欢为由仍执着地继续歌唱。

随着这一概念不断泛化，是合热爱、执着也已不再重要，只保留下表现极差的含义，只要是某件事做得十分糟糕的人都可被冠以"灵魂××"的称号。例如把原歌翻唱得面目全非的"网络歌手"。甚至被称作"灵魂××"的是不是真人也不再重要，如"死亡颂唱者天赋满点! 盘点那些动漫中的灵魂歌手"，这里被冠以"灵魂歌手"的是一群并不一定喜欢唱歌，只是五音不全、唱歌难听的动漫角色。

所以，"灵魂××"堪称一个词语中的"两面派"，您下次见到"灵魂××"的时候可要小心点判断，要知道这里面叫能蕴含着两种截然相反的感情色彩，不注意的话可能就完全会错别人的意思了。

天涯何处寻"次元"

陈至远

当问起别人来自哪里时，你当然会得到诸如北京、上海的回答。但也许你会听到这样的答案：二次元、二点五次元……"次元"，何以逐渐代替实际地名，成为社群的归属，乃至于划分人际圈的标准了呢？

次元 (dimension) 本身是一个物理学名词，即"维度"，指独立的时空坐标的数目。日语用じげん表示"维度"，翻译过来就是"次元"。而在日本动漫文化的大力影响下，网络文化中，汉语"维度"这个词语渐渐被"次元"代替，并且衍生出各种不同的词组。最常见的是一个数词加上"次元"的形式，如：一次元 (最高只有线的概念)、二次元 (最高只有面的概念) ……这种形式往往有对应的物理学依据，但网络上又会赋予它们特殊意义：

一次元——主要指小说，可以理解为是由点或线条构成，归属于物理学意义上的一维世界。

二次元——主要指动漫和游戏，可以理解为制作动画需要不同的图层，有点、线、平面的概念，归属于物理学意义上的二维世界。

三次元——现实生活，即三维世界。

在这三种典型的次元之间，还有过渡地带，如：

一点五次元——轻小说，介于单纯的小说和动漫之间。

二点五次元——指衍生玩具、真人角色扮演或有3D建模的动画等。

这些次元，既是动漫作品的分类，也是各个兴趣不同的玩家的集合体。网络上的不同用户，根据受众对象的不同，自然而然地同类相聚。如果一个人说"来自于一次元"，实际意义是这个人沉迷于小说，以小说里的思维来理解和处理世事。至于其他次元，则以此类推。

以上这种形式的"次元"主要还是从物理学出发，随着对象复杂程度的上升而逐步增加数字以划分物类。另有一种形式，是一个修饰词加上"次元"，这里的"次元"往往可以与"世界"这个概念相互替代，如：

异次元——时空隧道或高维空间。

超次元——连接时空的独立存在。

这些与"世界"同构的"次元"，恰好说明了当下以"次元"划分社群的词义基础。网络意义的"世界"，其实就是指网络域，一种虚拟的网络空间。在与现实类似的社会心理下，人们试图把现实社群的划分搬到网络中。而由于网络的互通性，现实中的地域划分显然不如这种依赖兴趣和个性的"次元"划分更有效、更灵便。如现在有些网络平台，就以"某某次元"来命名，这和之前的网络流行语"某某地带"是有共通性的。

既然是兴趣和个性造就了不同的"次元"，而这些"次元"又划分了网络群体，那么就很容易理解为什么现实人际圈也受"次元"的影响了。网络上属于不同次元的用户，在现实中也很可能属于不同的人际圈。

其实，"次元"的存在，昭示着一个悖论：网络明明是方便人们交流的工具，却也带来了新一轮的社群划分。与其兴致勃勃地划分"次元"，不如打破"次元"的边界，让人们在网络上不再隔空喊话，让相互理解和包容的温情长留。

"云"中生活

姜欣幸

　　"每天看着朋友圈里边小侄儿的视频，可以说是云养娃了。""考完了！接下来我的主业就是和易烊千玺云恋爱了！"点开社交网络，"云××"的说法屡见不鲜：云恋爱、云结婚、云吃饭……如果不了解"云"的新意义，恐怕很难在网络世界里与人沟通。

　　"云"的意义，在飞速发展的网络环境中，究竟产生了什么样的变化？这要从互联网的发展说起。原先，在电子通信领域中，人们作图时习惯用云朵的形状来代表远程通信网络，包括无线电、电视、电话以及计算机网络通信等。近年来，随着互联网的飞速发展，"云"作为互联网的一种比喻说法，开始广泛地走进人们的视野。

　　"云计算"是其中一个典型的例子。云计算是一种基于互联网的超级计算模式，是指通过网络中的复杂系统，对用户发出的指令进行计算、搜寻和分析，然后将处理结果反馈给用户的过程。简单的云计算应用已经随处可见，比如搜索引擎、网络信箱等。在云计算过程中，提供资源的网络就是"云"，"云"中的资源，对于使用者而言是可以无限扩展的，有需求的时候可以随时获取。"云存储"的概念是在云计算的基础上延伸而来的。它是一种新兴的网络存储技术，用户将资源保存在"云"——互联网上，需要的时候可以随时随地联网获取数据。

随着科技的发展，许多企业纷纷展开了自己的"云"业务：阿里巴巴旗下的公司阿里云，是国内最大的公共云计算服务提供商；360云盘、百度云盘等网盘为用户提供云存储服务。"云"技术迅疾地改变着我们的生活。

"云"是如何由科技语言变为网民日常的交流用语的？

首先，"云"是互联网的比喻说法，云技术的载体是互联网，具有虚拟性，因此发展到后来，人们开始用"云××"来表示以互联网为载体进行的某种活动。比如"云养娃"，是指通过朋友圈、微博等社交网络看家长分享某个小朋友的生活和成长过程。"云恋爱"即虚拟恋爱，多指一个人单方面对另一个人非常迷恋，通过关注对方的社交账号或者收集对方的照片、视频资料等方式，想象与对方进入恋爱关系。追星族有时候会用这个词进行自我调侃，表达自己对偶像的喜爱。

此外，云技术还具有另外一些特性："云"端数据可以为不同的用户调取，用户在自己需要时可以随时随地从"云"端获取数据。"云备胎"的用法就来源于这里。"备胎"在网络交际中多指备用的男朋友或女朋友。同时充任很多人的"备胎"的人，会被称作"云备胎"。在"共同备胎"的意义之外，"云备胎"还强化了"随时调用"的意思，这一点使得"备胎"的特性更加凸显出来。

科技发展日新月异，可以想见，我们的生活会被越来越多的"云"包围。生活在"云"中的人们，很可能会创造出更多与"云"相关的表达方式。

"又双叒叕"……

闫艺暄

　　"《神雕侠侣》又双叒叕翻拍!""我最近又双叒叕水逆了!""某某影星又双叒叕上热搜了!"这"又双叒叕"到底是什么来头?

　　"又"字在现代汉语中常作为频度副词放置在动词前,言说过程中常附带表达说话人的轻度不耐烦情绪,比如:"你怎么又来了?"但是当人们想表达更加不耐烦的情绪时,口头的表达方法可能是会将"又"换成"总是""老是",除此之外,还必须附带上着重的语气、语调,以追求充分的表达效果。而随着网络媒体、社交平台的快速发展,人们的表达交流也日益网络化,为了将这种语气程度上的深化表现出来,就选用了构字上的形态叠加来强调语气。"又"本义是手,是一个象形字,现在常用的是其假借义,表示动作的重复或继续,是一个副词,如"说了又说"。巧妙地将"双""叒""叕"三字通过会意的用法新解为加重语气,也是副词的用法。其实,"双"本表示"两个";"叒"古同"若","叒木"同"若木",即古代神话中的榑桑(扶桑);"叕"有四个音,分别是"zhuó、yǐ、lì、jué",本义为"连缀"。可以看出,这三个字在网语"又双叒叕"中表达的意义与其本义并无直接联系,只是网民为求加重语气而添加的一层新义。

　　实际上,"又双叒叕"早在2012年就已经被媒体使用。2012年12

月18日，日本的朝日新闻中文网发布了一条微博——"我们又双叒叕要换首相了"。简单的一句话在网上瞬间走红。这句话的关键其实在"又"这个部件，四个汉字拆开就是10个"又"字，可以用来形容事物变化更替或重复出现相当频繁。日本媒体正是巧妙地利用了汉字中会意字的构造方法，为"双叒叕"添加了新的语言意义，表达了对日本频繁更换首相的无奈情绪。

在后续用法中，"又双叒叕"也为人们的交际话语增添了一些调侃的意味，削弱了其本身带有的消极和不耐烦的情绪，使说话人和听者在心理层面上都更易于接受。比如自我调侃的"我又双叒叕忘带钥匙了"和嗔怪他人的"你怎么又双叒叕迟到了"都相较于直接用"总是""老是"增添了表达上的趣味性，体现出说话人的幽默感。

这样的表达方式也引起了一波对于汉字中"重叠字"新用法的模仿热潮，表达的范畴也不限于副词语气程度上的加深，还扩展到了名词数量上的增多和形容词的夸张用法等。比如网友"千寻白马"曾发过一条评论，可以说将汉字中"重叠字"的会意用法展现到了极致："这条微博要火炎焱燚了。朝日昌晶君终于改口叩品说自家事了。六年七相，这真是一方水沝淼㵘土圭垚养一方人从众啊！"这些重叠字有许多是生僻字，引起许多网友的感叹，比如网友"哔哔哔四两"就说："噗！我是个读了十几年书的文盲！"

当然，网络语言对于古字有其临时活用的一面，但我们在日常用字中还是应当注意规范，切莫因为网络用语的频繁使用而忽略了这些汉字本身的意义。

破解"人造癌"

窦文欣

癌症本是人类避之唯恐不及的"恶魔",然而近年来,"×癌"形式的词语却成为网络中一种极为流行的表达方式.

作业还有一堆然而完全不想动手,懒癌晚期的我已经弃疗。

为什么找不到女票?这位直男癌患者请先进行一下自我反思。

购物车永远是满的,钱却永远在路上——穷癌患者本人确诊无疑了。

这类新兴用语涵盖了日常生活的方方面面,各种"奇葩癌"层出不穷,已然成为一个自我嘲讽、吐槽他人的常用梗:朋友生病了只会安慰"多喝热水"是"直男癌",做什么事都拖拖拉拉是"懒癌",对他人唠唠叨叨呵护备至是"妈癌",不想学习看到书本就困倦恶心是"学癌",更不用提闻者无奈、听者无语的"穷癌""丑癌""小清新癌"……

"癌"本是一个医学术语,指恶性肿瘤。由于癌症的毁灭性力量,它被称为"杀手"疾病,与之如影随形的是绝望、痛苦和恐惧。"×癌"是医学上对具体癌症的常用命名方式,如肺癌、肝癌、皮肤癌等,都是以癌变身体部位与"癌"字组合构成一个偏正名词。

如今流行的"×癌"词语便是对这一造词方式的沿用,同样是将某一语素与"癌"字组合构成新词，只是前面起到修饰限制作用的语素扩大了范围，名词性、形容词性、动词性语素都可以用于构词。此类词语往往着眼于某类具有普遍性且相对负面的特征，用最有代表性的语素对其进行概括，如"穷""懒""丑"等，然后加上"癌"字形成新词。

不过，值得注意的是，在不同语境下"×癌"可以表达不同情感，其使用较为灵活。比如"直男癌"一词，用来形容自己时表达的是一种幽默的自嘲，用来表达对"大男子主义"的不满时则具有贬斥义。这类词语的语气强烈程度同样要视具体情况而定，既可以表达含蓄的否定，又可以表达愤怒的抨击。

五花八门的"人造癌"越来越多地出现在大众视野里，乃至成为一种被普遍接受的表达方式，这其实与社会文化的发展变化密切相关。随着社会压力的不断加大，"丧文化"已经成为青年亚文化的新形式——带有颓废、绝望、悲观等情绪色彩的语言或图画越来越多，反映出新时期青年的集体焦虑。但在"丧"的背后，一直存在着一种幽默调侃的情绪在进行自我安慰，在"丧"的表象下也潜藏着彼此勉励、乐观积极的心态。"×癌"词语的广泛使用正是一例，它以绝症来喻指某类令人不快的特征，既传达着无奈和否定，又体现出一种风趣与包容。"癌"这样一个与死亡密切相连的语素在这种构词中被解构，进而被重塑用于自嘲和讽刺，这正是"丧文化"的最佳体现。

当然，即使是网络用语中玩笑般的人造"×癌"也非身心健康的幸福状态，我们还是希望大家可以与"癌"字绝缘，永葆健康！

"躺"着不轻松

林宥辰

  "躺"这个词指人或事物横倒的动作或状态，是一个很闲适、轻松的动作。叮是在网络用词中，"躺"不仅被频繁使用，并且被赋予了新的意义，如果还是用本义来理解，就会令人感到困惑。

  "躺枪"是最早流行的"躺"系词语，它是"躺着也中枪"的缩写，表明了一种无辜受到牵连的状态。这里的"躺"沿用了其引申义中"无辜、置身事外"的意味，同时因其强烈的戏剧感而受到大众欢迎。比如："今天明明是小王犯的错，老板却骂了我，我又躺枪了。""女明星结婚，前男友却上了热搜，无辜躺枪。"

  而差不多时段出现的"躺赢"一词，则具有另一层含义。"躺赢"指的是"躺着也能赢"，表示对一方能力的绝对肯定，夸张地称赞其对于局势把控的压倒性优势。这里的"躺"具有"不用费力"的意味，是炫耀的语气。比如："这场比赛毫无悬念，职业选手绝对躺赢。"

  这两个词语的流行证明了双音节词语在语用中受到的偏爱。随着网络词汇的发展，"躺枪"依旧保持其原意，而"躺赢"则增加了一层自嘲或嘲讽的意味。如"火箭少女"杨超越出道时，就被贴上"躺赢"的标签，以表示对其能力的质疑。除此之外，在网络上还出现了"坑底躺平""躺尸""躺列"等词语，为"躺"字增加了新的内涵。

　　"坑底躺平"指的是深深沉迷于一项事务，其中"躺"具有"沉迷其中不愿离弃"的意思。这个词语在饭圈(粉丝圈子)里很常用，如"我家爱豆的综艺真好看，难以自拔，果断坑底躺平"。"躺尸"则表示睡觉的状态，如"今天我一整天都在家里躺尸，什么也没做"，这里的"躺"具有"无所事事"的意思。"躺列"指在朋友列表中没有存在感，形容很久不联系的朋友，具有"无存在感"的意思，比如"我得清清微信列表了，好多好友整天躺列"。

　　我们可以发现，与"躺"字相关的网络词语，都表现出了字数上相同、形式上相近的模式，即由"躺"加上想表达的对象或是状态组合而成。从语义层面分析，我们可以发现"躺"系词语的情感倾向都朝着嘲讽或自嘲的方向发展，我们可以从中窥探出当代人的情感指向与生活理念。用"躺枪"形容自己无辜，用"躺赢"形容自己无才，用"躺平"形容自己沉迷，用"躺尸"形容自己无所事事，用"躺列"形容人际关系的淡漠。这些自我嘲讽的倾向表现出与"咸鱼""猪猪女孩""划水""佛系"等词相同的情绪，都是对自己生活状态的调侃，有人将其归纳为"丧"文化。

　　尽管如此，这并不意味着当代青年是死气沉沉的，相反，越来越多的自嘲更像是一种轻松的排解，指向的是当代人对自我的关注。或许，我们缺少的只是一种敢于改变的勇气和当机立断的决心。所以，既然"躺"着不轻松，不如"站"起来，去改变，去进取，去勇敢走向更好的明天！

"×系"风潮

邓鸿慧

　　"快来测测你的他是猫系男友，还是犬系男友？"

　　"我已经是个佛系女孩了。"

　　"盐系爱豆我的最爱。"

　　近来，网络上掀起了一股"×系风"，一夜之间，似乎所有性格都可以根据特征被划入某个系别，网友们纷纷对号入座，玩得不亦乐乎。猫系、犬系、草食系、佛系、道系、盐系、甜系、日系、韩系……各种系别背后，究竟隐藏着哪些玄机？

　　"×系"的用法最初起源于日本，2018年在国内网络爆红的"佛系""盐系"等网络流行词，其实早在2014年就开始出现于日本大众媒体。2014年，日本某杂志上出现了"仏男子""塩男子"的称呼，用以指称具有某种特别的性格特征的日本男人。如"仏男子"指自己的兴趣爱好永远都放在第一位，总是嫌谈恋爱太麻烦，也不想交什么女朋友，就单纯喜欢自己的日本男性；"塩男子"则指清瘦，五官不突出，服装色系偏淡，能偏淡的都偏淡的男人。2017年底，"仏男子""塩男子"被翻译为"佛系男""盐系男"并进入中国内地的社交网络，受到了广大网友的青睐。

　　"×系"的用法虽是由日文翻译而来，但如果仅采取字字对应的直译方法，应翻译为"佛男""盐男"之类的词语。但"仏男子"最终被译为"佛系男"，除了三字词读起来较二字词更有韵律感外，"系"字本身也具有"系统、类别"的含义。《汉语大词典》中"系"字释义有"引申为统绪，系统"，"×系"本身也是一个概括某群体特征的名词结构，那么在翻译的过程中最终选择了"系"字，也就不足为奇了。

"×系"结构的名词在传入后表现出了强大的能产性，逐渐替代了中国本土产生并流行的"×流"，开始成为用途广泛的定语。"佛系员工""佛系追星""佛系生活""猫系男友""草食系少年""盐系装修"等，用于形容当今社会背景下人们的生活态度、时尚潮流。"×系"结构词得以如此盛行，也与当今社会善于标签化事物的风潮有密不可分的关系。

根据"佛系"这一带有宗教色彩的用法，中国网友创造出了一系列诸如"道系""法系""墨系"等具有中国本土特色的"×系"名词，不仅使"×系"结构更具活力，也使中国网友在一定程度上了解了诸子百家的精粹思想，增强了我们的文化自信。而"猫系""犬系""草食系"，则是总结概括了猫、狗、草食动物等受人喜爱的特征，与人的性格进行比对，从而创造出来的词语：猫咪有时而"高冷"时而黏人的特性，"猫系"便被总结成"有自己傲娇清高的步调，具有喵星人的神经质特征，时而热情如火，时而文质彬彬"。"犬系"则与猫系相对，总结的是一种比较开朗外向的性格特点。"甜系"则是由来自日本的"盐系"衍生而来的词语，类比吃糖带来的享受, 用以概括"可爱、甜美、幸福"的感觉。至于"日系""韩系""欧美系"等, 则是从"日流""韩流"等词演变而来的, 是形容国外的某种时尚潮流, 仅在词语的表达上贴合了现下网络流行词的用法。

"×系"名词的趣味用法给我们的日常交际生活带来了更多的乐趣, 但事物不会是一成不变的, 平面与标签化不能限制时代与青年的发展。愿我们在享受娱乐的同时, 也别忘了充实自己、开阔眼界, 融入多彩的社会, 做一个"多元系"的人!

小议 "刚刚"体

关玥

在如今的政务和官媒新媒体平台上，"刚刚"体已经成了一种普遍的标题模式，例如：

刚刚，"安比"登录崇明！

刚刚，剑桥大学这样回应"承认中国高考成绩"

"刚刚体"走红还要追溯到2017年6月21日，新华社微信公众号推送了一则消息，标题为《刚刚，沙特王储被废了》，短时间内刷爆微信朋友圈，成了当天社交平台的现象级话题。其实，大多数网友很可能都说不出沙特王储的名字，就连对他为何被废也不感兴趣，更不会好奇接任王储之位的是谁，但是标题中的"刚刚"二字成功地引起了大家的注意。

"刚刚"是一个限定性时间副词，意为"非常短的时间之前"。在传统的用法中，多把"刚刚"放在句中位置，例如"我刚刚回来，先休息一会儿"。而在新华社的新闻标题中，"刚刚"被放置到了句首位置，担任时间性句首状语。这样的处理就十分契合新闻的本质特点。新闻是新近发生事实的报道，依靠真实和迅捷来吸引受众。当传统媒体向新媒体平台发展，新闻的播报不再拘泥于早、午、晚的时间段限制，随时随地推送要闻。"刚刚"二字突显了新闻的时效性，简洁凝练地向公众传递最新重大消息。同时，"刚刚体"也十分契合大众在短时间内快捷获取有效信息的需求。网络世界的资讯层出不穷，订阅的公众号、朋友圈无暇刷遍，而"刚刚体"自带"划重点"的特效，甚至不用点开标题，就能大体知道消息的主要内容，以至于有网友调侃道："刚刚一出，必有大事。"

作为"国社"的新华社主动"放下身段"，采用了"刚刚"这种接地气的词语，让人不禁眼前　亮。传统意义上，新华社播发的突发新闻，一般会在开头标注"快讯""简讯"或是"详讯"，沙特王储被废的这条消息就属于"快讯"。倘若把"快讯：沙特王储被废"和"刚刚，沙特王储被废"进行比较，就可以发现"快讯"是一种正式的新闻表述，而"刚刚体"则显得自然直接。不同于以往官媒从上至下的严肃传播，"刚刚体"拉近了权威媒体与大众的距离，就像是朋友之间平等地分享最新资讯。官媒的权威性丝毫未被削弱，反倒是增添了几分生动活泼。

在"刚刚体"的带动下，各类政务和官媒新媒体平台纷纷沿用了这套新型话语模式。除了政治新闻，"刚刚体"还用于其他类型新闻，如气象新闻："刚刚，超级蓝血月全食来了"；又如法治新闻："刚刚，这个恶魔被执行死刑"；再如教育新闻："刚刚，2019考研国家线公布"；还有财经新闻："刚刚，邮储银行公布2018年度业绩"……"刚刚体"能够在各类题材的土壤上生根发芽，既突出了消息的新鲜度，又拉近了与读者之间的距离，为传统的严肃新闻报道注入了新的活力。

　　"刚刚体"很好地适应了网络传播的语境，简洁精练又富有个性的表达颠覆了人们对传统官媒"枯燥""刻板"等印象，使网民们乐意去主动关注时政要闻。"刚刚体"提升了时政新闻的网络传播效果，也为新媒体平台上的官媒报道开拓了新的方向。

"佛系"人物谱

宋静雯

　　用"佛系""道系""儒系"等词描述不同生活态度的帖子曾被疯狂转发，热情的网友们比照自己的生活态度，纷纷"对号入座"。现在，很少有网友用"道系"或"儒系"来形容自己了，而"佛系"一词却依然颇受青睐，在公众号、朋友圈，甚至是日常口语交际中频频现身。

　　网络流行语"佛系"最早出现于何处呢？2014年，一份日本杂志用"佛系男子"形容一种为人处世遵从自己内心喜好，享受单身生活，不愿将时间、精力和金钱花费在结交女朋友上的男子。2017年，"佛系"通过网络传播进入中国网民的视野，反映出部分现代人随遇而安、心如止水、不争不抢、不勉强自己也不苛求他人的生活状态，进而引申出"佛系买家"（网上购物不关注物流快慢、不差评、不晒图，即使收到不好的货物，也不争不吵、不退不换的消费者）、"佛系职员"（在工作中无悲无喜，无论是与日俱增的工作量还是暴跳如雷的老板，都能泰然处之的职员）等词组。"佛"也被单独活用为动词，一句"我佛了"昭示着说话者下了"不争"的决心，话音刚落就脱离世俗纷扰，隐遁到内心清净之地。只要一句话或一个心理暗示，心态就从"焦虑无助"切换到"淡泊无为"。"都行,可以,没关系"被称为"佛系三连",现已成为解决吃什么、去哪玩等问题的"万能钥匙"。当我们结束了一天的忙碌,想好好给自己放个假时,便可理直气壮地宣布:"今天我是佛系青年,不想动,只追剧!"

提到佛教信仰,人们往往想到不杀生、不近女色、戒贪嗔痴等,"看破红尘""无欲无求""一切随缘"成了佛教的代名词。世人眼中的佛在高处俯视众生,人间的悲喜消散在弹指一挥间,佛心无挂碍。现实生活中的人们双手合十,口中念叨"我佛了"的样子,与印象中无悲无喜、无欲无求的高僧形象还真有几分神似。然而,对于年轻人来说,一味以"佛系少年"自居,如此"不争不抢"真的好吗?就算"佛系"如唐僧,人家也是有西天取经的追求的啊!

其实,争议的产生源于人们对"佛系"的理解各有侧重:反对"佛系"者放大了"不争"的一面,扩大了"不争"的范围,尤其反对的是年轻人以"佛系"作为自己惧怕竞争、没有梦想或懒于追逐梦想的"正当理由"(借口),这就把"佛系"和"没有上进心"等同起来了。支持"佛系"者则强调"不强求",因为不过分执着有助于良好人际关系的建立和自身心理健康的维护。

窃以为,要不要成为"佛系××"是见仁见智的事情,问题的关键在于:能否借助"佛系"或"不佛系"的生活态度,真正达到自己的理想状态,该"佛"时就"佛",不该"佛"时就"不佛"。

流星流行语

网络成语探秘

刘宸

如果你不是网民，那么新生的网络成语一定会让你"不明觉厉""说闹觉余"。网络成语的横空出世是语文生活中无法回避的问题，不管你是"点赞"还是"拍砖"，网络成语都已在网络的土壤中生根、发芽，长势不可遏制。因此，对网络成语进行学理分析，是很有必要的。

综观现有的四字格网络成语，它们大多缩略自一个完整的短语或句子。在紧跟语言潮流而"喜大普奔"的同时，你是否知道网络成语的背后还蕴含着一套有规律的缩略公式呢？

据统计，2013年至今流行的网络成语主要有以下9个：

1.不明觉厉——缩略自"我虽然不明白你在说什么，但是我觉得很厉害"。

2.人艰不拆——缩略自"人生已经如此艰难，有些事情就不要拆穿"。

3.十动然拒——缩略自"女孩十分感动，然后拒绝了他"。

4.细思恐极——缩略自"仔细思考，觉得恐怖至极"。

5.男默女泪——缩略自"男人(生)看了会沉默，女人(生)看了会流泪"。

6.喜大普奔——缩略自"喜闻乐见、大快人心、普天同庆、奔走相告"。

7.累觉不爱——缩略自"很累,感觉自己不会再爱了"。

8.火钳刘明——"火前留名"谐音,缩略自"在……火之前留下我的名字"。

9.说闹觉余——缩略自"其他人有说有笑有打有闹,感觉自己很多余"。

我们在此基础上归纳了四条缩略规则。

缩略规则一:四字格

综观上述网络成语,我们不难发现它们的普遍书写格式——四字格。从古至今,四字格就是汉语成语的普遍形式,字数较少而又能一次四分、两次偶分,这个特点相当符合中国传统"以偶为佳"的审美标准。因此,面对网络世界中生动却冗长的表达,四字格不仅做到了简练达意,而且具有传统的沉淀,它不负众望地成为网络成语的书写载体。

缩略规则二:2+2音步

音步,简而言之就是朗读的节奏单位。网络成语同大多数传统的汉语成语一样,大多是以"2音节+2音节"的音步为朗读节奏的。比如:"不明/觉厉""人艰/不拆""十动/然拒"……显然,上文所列举的9个网络成语均符合"2+2"音步的朗读节奏。这不仅能使网络成语读起来朗朗上口,而且能方便网民们记忆、传播。

缩略规则三:平仄交错

网络成语不仅有节奏美，还有旋律美。典型的成语平仄类型有以下几类："平仄平仄"式、"仄平仄平"式、"平仄仄平"式和"仄平平仄"式。这些平仄交错的声调变化不但是传统成语的特点，也很好地被网络成语继承了下来。例如："不明觉厉""累觉不爱"属于"仄平平仄"式，"细思恐极"属于"仄平仄平"式……独特的旋律美赋予了网络成语听觉上的魅力。

缩略规则四：核心截取

典型的网络成语都是对原短语或句子核心信息的截取。以"不明觉厉"为例，它缩略自"我虽然不明白你在说什么，但是我觉得很厉害"。在前分句中，主语"我"既是行为主体又是话语的发出者，可省略；状语"不"表示否定，必须保留；谓语"明白"自然而然缩略成"明"（若缩略成"白"则容易让人误解为"不洁白""不告诉"等意思）。同样，后半句缩为"觉厉"，因此"不明觉厉"其义自见。网络成语的每个字（语素）大多提取自原句的谓语和状语。谓语表明事物的动作行为，而状语则表示否定或描述动作的程度与效果，两者连在一起便能大致概括出原句的意思了。

公式总结：

四字格+"2+2"音步+平仄交错+核心截取=网络成语

当传统的四字格成语形式搭配网络流行语，一场时空交错的语言狂欢就在我们眼前静静开场。网络成语体现了网民的创造力与想象力。今后，它又将孕育出怎样新奇的表达？让我们拭目以待吧！

先定一个小目标

胡寻儿

大连万达集团董事长王健林在一档访谈节目中, 讲到很多学生上来就说耍当首富, 但却没有目标。"想做世界首富, 这个奋斗的方向是对的。但是最好先定一个能达到的小目标。比如我先挣它一个亿。你看看能用几年挣到一个亿。你是规划五年还是三年。到了以后, 下一个目标, 再奔10亿、100亿。"此话一出, "小目标"瞬间红遍互联网社交平台。

王健林的原意是将一个实现起来较为困难的大目标切分为一个个相对容易的小目标, 使大目标在指定时间内分步骤实现。但是, "一个亿的小目标"令广大网友不禁叹问: 这个小目标真的小吗? 简直是"大"得不可能实现啊! 显然, "小目标"这个语言符号在不同人的认知框架中出现了不同的解读结果, 通俗点说, 就是个人对"小目标"的理解是依据自身情况建立起来的。而王健林与网友巨大的理解反差恰好戳中了一个现实社会的痛点——阶层的分化与撕裂。身为首富的王健林, 一个亿确实算不了什么。但在普通人眼里, 恐怕要说"土豪的世界我不懂"了。这"一个亿的小目标"无意中揭开了贫富差距的伤疤。这种不平等之痛在人们的心理层面聚焦凸显, 成为"小目标"走红网络的根本驱动力, 各种调侃讽刺"万箭齐发":

"减肥这件事急不得,先定一个能达到的小目标,比如三天减个100斤。""我的小目标是在18岁的时候,成为亿万富翁。这个目标目前完成了一半——我今年18岁了。"

在网民这里,"小目标"实际上已经成了一种反语用法。类似的用法并不少见,"看你干的好事"(其实是坏事),"你太讨厌了"(你真可爱),"你办事速度真'快'啊"(太慢了)……这种反用形式加强了语言的讽刺与幽默意味。人们用"小目标"表达不满、宣泄情绪、释放压力,有的自嘲,有的笑谈,有的吐槽,成为大众调剂生活的一种方式。

如今,读书学习背单词,减肥健身长腹肌,工作旅行谈恋爱,每次计划前总会来一句"先定一个小目标"。此时,"小目标真的小吗"已然不那么重要,而成为一种争相效仿的语言狂欢。人们常常不管目标的合理与否,或许也没有坚定实现的信念,只是一种自嘲的宣告罢了。心理学家塞奇·莫斯科维奇指出,个体在群体中会有意无意地将群体行为方式强加于己,力求与群体保持一致。这种强烈的归属感常常成为网络语言流行的根本原因,"小目标"发展到这里也就慢慢失去讽刺的锋芒了。

定一个真正意义上切实可行的"小"目标,在内心建立起实现目标的毅力,而不是在朋友圈立一个毫无意义的宣言。实现了小目标,可以增加自信,向终极目标迈进一步;失败了也可以从中总结经验,重新制定新的目标。这才是"小目标"的价值所在!

毁童年

马红霞

　　"你走开！不要毁我童年！"你是否也注意到"毁童年系列"频频出现在论坛帖子或是你的朋友圈呢？每当这时，不知情者不禁会发问："你的童年到底怎么了？"

　　接下来让我们来聊聊"毁童年"的真面目。"毁童年"的用法大体可分为以下两类：

　　一指长大后再次看到童年接触过的事物时会有更深入的理解，从而改变了当初天真的想法。现在通常用于小时候看过的童话故事、影视作品等。例如，小时候被大家津津乐道的《小红帽》《睡美人》，如今被文学评论家分析出其中的暴力血腥成分，《灰姑娘》《白雪公主》中的虐童情节以及邪恶母亲形象也渐渐得到大众的关注。

　　二是指长大后对于童年接触到的事物的重新认识，通常多见于颠覆了原先的认知，摧毁了美好的童年回忆。例如，当琼瑶奶奶的《还珠格格》《情深深雨蒙蒙》再次出现在电视荧屏上时，长大的网友惊呼温柔善良的"令妃"摇身一变成了"心机girl"，"乾隆皇上"是"大猪蹄子"，"何书桓"变"渣男"，"如萍"变"高级绿茶婊"……小时候的美好，长大后发现完全变了味儿。

　　"简直是'毁童年'！宝宝需要吃根棒棒糖压压惊！""毁童年"是一个述宾结构，它并不是语素意义的简单组合，而在一定程度上发生了变化。"毁"在字典中有以下几个基本义项：①破坏；损害：毁灭、毁害、毁弃、销毁。②烧掉：烧毁、焚毁。③把成件的旧东西改造成别的东西。④诽谤，说别人的坏话：毁谤、毁誉、诋毁。但在"毁童年"中，"毁"不是客观意义上的"毁坏；摧毁"，而是带有"重新理解""颠覆原先认知""重新塑造价值观"的意义，这与"毁三观"中的"毁"意义相同，都有一定的主观性。"童年"原义是指"幼年时期"，是人的一个成长阶段，但在"毁童年"这样的语境中，"童年"一词发生了词义转移，从"幼年时期"的时间意义转移成"幼年时期对某事物偏于美好的感受或理解"。

　　这样的"毁童年"也产生了两种典型用法：一方面，对于小时候看的动画片、影视剧经典被一遍遍改版翻拍，人们"无力吐槽"，只能回一句"毁我童年"来表达失望的心情。另一方面，"毁童年"被大众赋予戏谑调侃的意味，比如："暑假来了，经典翻拍要上映了，毁童年的时间到了！"

　　童年是美好的，希望"毁童年"只是一个网络玩笑吧！

你们城里人真会玩

陈思聪

　　在第68届戛纳国际电影节上，张馨予披着红绿搭配的"大棉被"走上了红毯，成为当日的新闻头条。网友评论"太土"，张馨予回应说："你们城里人真会闹，小媳妇儿也挺不容易的。"此后，这句话演变成"你们城里人真会玩"在网上流传开来，简称"城会玩"。

　　"城"原是指与"乡村"对立的、工商业发达的城市。"城里人真会玩"首先指的是农民面对光怪陆离的城市发出的慨叹。据说一个农村老汉进城时看见一个汽车展销会，每辆车前都站着一个美女，心中纳闷：这城里人真会玩，卖车还有搭姑娘的？这个老汉进城后对车模的感想，就是对"城会玩"一开始的理解。

　　后来"城"的含义逐渐泛化。在"城会玩"中，"城"开始指代一些与自己无关的领域，从一个地域性概念转变成了领域性概念。首先是将"娱乐圈"当作一座"城"，艺人明星们纷纷成为"城里人"的代表。比如一些以正面形象示人的艺人却不断被曝光出轨、吸毒等丑闻，大家纷纷感叹"城里人真会玩"。除了娱乐圈，"城里人真会玩"还被用来形容富豪们的炫富行为。有一个中国老板痴迷《星际迷航》，竟从海外购买了版权，将办公楼建成"联邦星舰企业号"，整个工程花费达1.6亿美元。如此"斥巨资"的行为让大众不禁感慨"城里人真会玩"。还有在科学领域，有人把无人机放大十几倍后做成载人飞行器；在美食领域，有人"蘸着酱油吃芒果""吃火龙果吐籽"……这些与众不同的做法，都被认为是"会玩"的"城里人"想出来的。

至此，"城里人真会玩"完成了自己语义泛化的过程：从讽刺一些人做的事过于前卫时髦，以致常人难以理解，到讽刺之意渐消，仅用来表达对一些新奇事物的惊奇和感慨，成了朋友之间相互调侃的语句。比如："你们城里人真会玩：那些雷倒老外的神翻译！""城里人真会玩：沈阳两大叔开碰碰车上街。"

"城"的本义是城邑的防卫性墙圈，城里城外是两个截然不同的世界。"城里人真会玩"突破了城乡本义的地理限制，将其扩展到生活中一些虚拟的空间，这和我们日常所说的"圈子"有些类似。当我们说"城里人真会玩"的时候，并不是说自己是乡下人，对方是城里人，只是表达对方所做的这件事和自己已有的认知领域产生了冲突。因此，"城里人真会玩"包含的其实是一种身份差异，包括富人和穷人、国内与国外等。不同的身份意味着截然不同的生活，借助于"城""乡"二字得以体现。

随着时代的飞速发展，层出不穷的新鲜事物和稀奇古怪的事件不断地冲击着我们已有的人生观和世界观。"城里人真会玩"是网民们对于现代社会发展给出的一个感受，它既包含着对于高速发展的社会的肯定，也隐含着对此的忧虑。这在"城市套路深，我想回农村"这样的流行语中也得到了验证。面对"套路深""真会玩"的"城市"，网民们都想要回到质朴的"农村"，这值得引起我们的思考。

我可能写了一篇假文章

徐默凡

在《现代汉语词典》中，"假"的释义是多方面的——虚伪的；不真实的；伪造的；人造的。我们各举一个例子如下：

假道学——虚伪的道学

假消息——不真实的消息

假名牌——伪造的名牌

假头发——人造的头发

但这些释义都无法解释近来"假"在网络语言中出现的新用法：

我可能复习了假书。（考试没考好）

我可能学了假汉语。（汉语试题做不出）

我可能收到了假工资。（收入少）

可以发现，这些用法中的"书""汉语""工资"其实都是真的，既不是虚伪的，也不是伪造的，它们被称为"假"的共同之处仅仅在于"使用效果不佳"。"假书"之"假"在于复习以后对考试没有帮助，"假汉语"之假在于学习了以后不能做对汉语试题，"假工资"之假在于收到之后不够花。

随着广泛应用，"使用效果不佳"很快就进一步泛化，发展出了"违反常理，不符合预期"的意思。如：

我可能遇到了一个假妈。（妈妈不关心我）

我可能去了假桂林。（没有发现美景）

我可能交了一个假男友。（男友没有送礼）

这里的"妈""桂林""男友"也都是真的，不过这些对象存在一种常识性的预期："妈妈都是关爱子女的""桂林山水甲天下""男友都要送礼的"，一旦这些常识预期没有实现，我们就可以用"假"来形容。

"效果不佳"和"超出预期"，既可以用来形容名词性的事物，也可以用来说明动词性的行为。如：

聊天都没有用表情，我可能聊了一次假天。

我可能吃了一次假饭，肚子里一点都没有感觉。

你们都考成这样，看来我上了一个学期的假课。

春节我回了一次假家，一个红包都没有收到。

这里"效果不佳"的是"聊天""吃饭""上课"，"超出预期"的是"回家"，都是一种行为，而不是"天""饭""课""家"这些事物。但为什么要用拆分的方法把"假"嵌进动词内部去表达呢？恐怕是为了和"假"的原有意义相区别。如果我们说"假聊天""假吃饭""假上课""假回家"。就很容易被理解为这些行为是假装的，即没有真正地"聊天""吃饭""上课""回家"。试比较"假唱"（根据录音对口型没有唱歌）和"唱了一次假歌"（唱了但效果不佳），"假睡"（闭上眼睛没有睡觉）和"睡了一个假觉"（睡了但效果不佳），就可以明白了。

综合比较旧词"假"和新词"假",主要的区别在于前者是事实有无的客观评判,后者是效果好坏的主观感受。前者区分的是客观事实是否存在,有就是真的,没有就是假的;后者是行为发生以后的主观体验,符合预期是"真",不符合预期就可以称其为"假",因此往往客观的"真"在主观感受上依然可以是"假"的。

"假"的新用法已经成为社会流行语,"我可能××了假××"成了一个可以随处套用的格式,在上述语义变迁的表象之后,可能还反映了两种心态:一是假冒伪劣盛行,甚至于事实上是真的,其效果仍然可能是假的;二是世事不尽如人意,这些假事假效果都被我碰到了,因而明显带有一种调侃自嘲的口吻。与此同时,新用法带来的语言游戏性质也为它的流行起到了推波助澜的作用。

不知读者朋友们是否认同我的分析——毕竟我可能写了一篇假文章。

前方高能预警!

周遥君

  如今打开各大视频网站,弹幕吐槽已经成为播放器的一种特色功能。弹幕是以字幕形式直接显示在观看画面上的评论,原来起源于日本视频网站,现在受到了国内网友的热情欢迎。在弹幕比内容更精彩的环境下,"前方高能"成为其中出镜率最高的一句话,常用的完整句式是:"前方高能!非战斗人员请火速撤离!"使用者可以在出人意料、恐怖奇异的画面或者大反转情节出现的前几秒或十几秒前发出。例如当观看恐怖电影时,"前方高能"就会出现在血腥、惊悚画面的前几秒。当然,如果接下来是情侣间的热吻,"前方高能"同样适用。"前方高能"被用作对观众的提示,使其做好心理准备,迎接冲击性画面。这种用法是已观影者对未观影者的提示与预告,同时也不透露任何具体内容,依旧保持了剧情的神秘感,容易为后来的观众所接受。

  究其词源,"前方高能"是"前方有高能量反应"的简化,一般认为最早出自日本动画《机动战士高达》系列,后来在《EVA》《超时空要塞》《宇宙战舰大和号》等科幻类动漫作品中均有出现。宇宙舰队在太空航行的过程中,由侦测员时刻对前方的宇宙空间进行能量侦测。前方如果有敌方的能量武器攻击,则会被侦测到强烈的能量反应,侦测员便可提醒舰长进行规避。因此"前方高能"最开始表示的是"前方有高能量反应",后来在视频弹幕、贴吧长文中使用,逐渐引申为对接下来情节、内容的提示,由此衍生出一系列网络流行语,如"高能预警""前方核能""全程高能"等。

"前方高能"被用到文本中后,本来只是被用来提示下文亮点,其使用范围也主要集中在动漫、游戏以及弹幕视频网站、贴吧等地。但其本身新奇的性质以及吸人眼球的使用效果,使其逐渐用于一些新闻标题,例如:"前方高能!成龙领衔《铁道飞虎》魔性表情包剧照"。成龙的新电影《铁道飞虎》即将上映,为达到宣传效果发出一系列剧照,处于首位的"前方高能"在这里"先声夺人",为接下来的夸张照片向读者做个预告,不仅达到了吸引注意的效果,同时也体现了与读者之间的交流。

"前方高能!油市绝地反击,再战美联储,终极战役打响!"在这里使用"前方高能",一方面是对事件突然的反转性发展表示惊讶,一方面也是引发读者对接下来内容的兴趣,使读者拥有充分的想象空间,从而提高新闻的浏览量。

随着"前方高能"在新闻标题中的大量运用,为了满足各方面的需要,其形式逐渐简化为"高能",出现位置也随之灵活多变,例如《欧足联放出高能宣传片,欧冠16强强势入镜》《恶作剧之吻刷爆朋友圈好评不断,树琴夫妇先虐后甜持续恩爱高能》。"高能"在句子中作定语或者谓语,虽然失去了提示下文的效用,但其本义没有改变,依旧体现了出人意料、逆转、亮点等意义,演变为"高能"这样的普通形容词后, 使用范围更加广阔。

　　在"前方高能"的发展过程中, 视频网站上弹幕功能的大众化起到了关键的作用, 从网络用语逐渐走向新闻标题同样也体现了其旺盛的生命力。随着使用群体与使用范围的扩大, 我们有理由相信, "前方高能"将会出现更多的变体, 同时也会具有更加丰富的内涵。

社会我大哥，人狠话不多

闫艺暄

　　"社会"原指在特定环境下共同生活的人群，是共同生活的个体通过各种各样关系联合起来的集合。从词的情感色彩上来说，"社会"属于一个中性词。然而，自2017年起，流行于网络语境的"社会我大哥""社会人"等，却为"社会"一词增添了许多带有调侃意蕴的衍生含义。

　　要追溯"社会（人）"来源，就得先说说"混社会"。"混社会"的说法，最早来源于民间，指的是社会中的部分个体，整日无所事事，没有正当工作，唯一喜欢做的就是到处拉帮结派、广结人脉，并引以为傲，也因此喜欢自称"社会人（儿）"。有些地方也称这些人为"社会青年"。混社会的青年人跟人聊天时，常常拍着胸脯自报家门："我大哥混社会如何如何"，意思就是——我背后有靠山，我大哥是社会上有头有脸的人物，一般人惹不起。

　　进入网络语境之后，"社会人"也由在社会上混迹、有头有脸的人物引申为在某一领域的技能十分厉害、地位较高的人。在一次电子竞技比赛中，有选手对EHOME战队代号为"老鸡"的选手进行调侃："社会我鸡哥，人狠话不多。"随之，"社会我（你）××"体，凭借其干净利落脆的气势和富有节奏感的句式，快速走红于各大网络平台。

　　渐渐地,"社会你(我)××"开始成为一个带有讽刺意味的称呼,用来形容那些社会气息太重或是谈吐举止比较粗俗的人。在电视节目《变形记》中,人们形容其中一位气哭其他孩子、不走寻常路的孩子为"社会我丽姐"。不仅如此,某些明星一旦被曝出脾气差、素质低,或是行事作风太张扬,也会立刻被冠上"社会哥""社会姐"的称号。比如在一次直播活动中,杨幂三次故意打翻工作人员手里的手机,事后还解释说自己是"开玩笑"。网友们认为这个表现实在是有失教养,于是送给她"社会你幂姐"的称号。

　　随着使用频率的升高,"社会"逐渐脱离其语境,成为一个独立使用的形容词,单纯表示某人或某事物很厉害。在面对很厉害的人时,也可以对对方说:"失敬失敬,社会社会!"这样的用法已经削弱了"社会"一词针对某一特定群体的讽刺意味,只表示说话人的一种或感叹或敬佩的内心情感,与此前流行的"666""牛×"等词类同。

　　最近,动画片《小猪佩奇》的主人公——一只名为"佩奇"的粉红色小猪竟然也被贴上了"社会人"的标签,其呆傻低幼的形象与"社会人"所代表的世故圆滑、混迹社会的"大佬"形象被强行捆绑在一起,形成某种由"语义蒙太奇"造成的反差效果。这种反差也从侧面体现出网友们在底层心理上对如今所谓"社会人"抱有的某种蔑视和调侃。在他们看来,整日标榜自己为"社会人"的也不过是徒有其表、外强中干的社会底层而已。从这个角度来说,这个词也可以看作网友们对某些华而不实的人或现象表达不屑与反讽的手段。

你咋不上天呢

史桢英

　　近日，网络中时常会出现这样一句话："你咋不上天呢？"这句话最早在网络上流传可以追溯到2015年年末，当时在微信朋友圈中出现一则"点开全文"式段子："教你如何教训东北人……（下方一片空白）"。只要点击"点开全文"，屏幕下方就会显示："合上，瞅把你能的，你咋不上天呢？"这个段子一经出现就被大规模地转发和模仿。

　　从一个"咋"字我们可以很容易窥视到这句话的方言性质，"你咋不上天呢"就是一句地地道道的东北方言。这个段子以东北话来反击那些想知道"如何教训东北人"的人，有以其人之道还治其人之身的意味。那么，"你咋不上天呢"究竟是什么意思呢？这还要从"上天"这个关键词说起。

　　"上天"作为谓语动词，字面意义就是"升天""登天"。虽然目前由于科学技术的发展，人类乘坐飞机或宇宙飞船上天已经成为现实，但在古人的观念里，"天"是可望而不可即的，所以他们往往将某件极其艰难的事情与"上天"进行类比。枚乘在《上书谏吴王》中写道："必若所欲为，危于累卵，难于上天；变所欲为，易于反掌，安于泰山。"李白在《蜀道难》中有言："蜀道之难，难于上青天！"

在东北方言中，"上天"一词的意义得到进一步发展和延伸。当东北人说："瞧你厉害的，你咋不上天呢？"就是在给对方泼冷水，意味着对方再怎么厉害也不过如此。这里的"上天"就继承了"艰难到极点""不可能做到"的意义。而当他们说："小区的人真是一点公德心都没有！真把门口当自己家呀！你咋不上天啊！"则是在对小区某些人的行为表示强烈不满。这里侧重的是"上天"的不可思议，并用它来形象化地说明某些事情不符合常理、规范、原则等。

可见在东北方言中，"你咋不上天呢"绝不是什么好话，态度上是决然的否定，语气中还隐含些许谩骂和讥讽。但它以表达强烈情感的反问句式、接地气的方言特征依然受到了广大网民甚至是新闻媒体的青睐，在《"黄牛"向便衣卖票证？网友：你咋不上天呢？》这样的新闻标题中，"咋不上天呢"几乎成为网民心声的代言。

与此同时，通过网络媒体和社交平台的传播，这句话的用法更为丰富，情感功能也愈加多样化，除了表示否定和讽刺外，也可以当成一句戏谑和调侃的话。有的网民甚至用这句话来进行正面的褒扬，例如："女神你那么美，咋不上天呢？"就是以反语的形式对女神美貌进行赞美。从讽刺到戏谑，再到赞扬，"咋不上天呢"的负面意义不断消解，语言的幽默感和趣味性不断增加。

在上述情况下，"你咋不上天呢"仅仅是在情感色彩上发生变化，其最初的意义或多或少得到保留。慢慢地，"咋不上天呢"走上另一条语义泛化的道路。在微博中，有的网友无奈地抱怨道："没有网没有电没有水，你咋不上天呢？"也有的网友惊讶地感叹道："教室当影院,咋不上天呢?"不论是表达抱怨还是震惊,"上天"的主体都是虚化的。这时"咋不上天呢"脱离了原始意义的束缚,转而成为一句发表感叹的通用语,这种用法起到了一种"陌生化"的效果,增加了它的适应性和使用频率。

看似简单的一句"咋不上天呢",经过从方言口语到网络流行语的"华丽转身",竟能体现如此多样的情感意义,产生如此丰富的表达效果,无怪乎网友动辄来上一句:"你咋不上天呢?"我们由此可以看到东北方言的巨大感染力,同时也能够感受到网民寻求新鲜、张扬个性、释放压力的心理需求。

敲黑板！划重点！

郭文静

在网络文化中，有一部分网络用语有着明显的"校园"特点，从在朋友圈疯传的"我可能复习到了假书"，到"请课代表出来解释一下"，无一例外地与校园生活有着密切联系。"敲黑板划重点"就是校园文化与网络语言相结合的典型例子。

"敲黑板划重点"最早出现在微博中，当有人发表晦涩或者冗长的言论时，一些阅读理解满分的网友就会在评论里很精练地为大家总结出内容梗概或者言外之意，开头总会带一句"敲黑板划重点"。它的主要功能是提醒大家注意后面紧接着作者想要强调的信息，这些信息将言简意赅地为大家整理出重点内容，与学校中老师"敲黑板"和"划重点"所要达到的效果类似。这用法早期多见于微博、微信、豆瓣等具有娱乐性质的平台中，例如科普类公众号"博物"就经常用"下面开始划重点"来标识重要的科普知识。后来这个说法也渐渐出现在了一些比较正式的场合，例如"敲黑板，划重点！北京副中心详规通过审议，运河盛世执梦前行"。甚至在《人民日报》微博关于十九大的新闻报道中也频频出现，如"敲黑板！十九大报告中40个'前所未闻'"。

"敲黑板划重点"何以能够这么快就"占领"各大社交平台新

闻标题呢？首先，少不了各大微博的推广。既然这个说法最早出现在微博中，那么最早接触它的人便是那些微博营销博主了。对他们而言，话题是灵魂，流量是生命，只有创造相当的点击率，才能够在日益激烈的竞争中生存下来。"注意"或"请注意"这样的词显得太土，显然不能满足当下的需要，这时"敲黑板！划重点！"的产生无疑迎合了这些人的需要。

其次，我们每个人都有过上学的经历，从小到大也不知经历了多少次被期末考试和考试重点支配的恐惧。因而当看到"敲黑板划重点"时，很多人都可能会条件反射地产生一种警醒甚至恐惧的感觉，就会自然而然地对这句话后面的文字加强注意。随着生活节奏的加快，人们在沉重的生活压力下会不由得去追忆学生时代的美好。类似"敲黑板划重点"这样的用语能够勾起人们对学生时代的回忆，不管这些经历是不是美好的，现在看来都有一种亲切感，容易引起广大网友的共鸣，因而能够迅速地流行起来。

最后，就这个网络用语本身来说，"敲黑板划重点"既可以把"敲黑板"和"划重点"分开来用，也可以合起来用，这就增加了使用的灵活性，降低了对字数的依赖性。随着语言的发展，人们也开始把这个流行语与其他流行语连用，以增强表达效果。比如把"敲黑板划重点"与"高能预警"放在一起使用："前方高能预警请注意！敲黑板！""高能预警"本来就是一个带有提示意味的词语，这样使用既可以强调语气，也进一步体现出了语言的趣味性。

友谊的小船说翻就翻?

徐瑞

　　一句"友谊的小船说翻就翻"迅速掀起了网络的"翻船体"造句大赛:"听说你是学语言学的,那你一定会说很多门语言吧?""友谊的小船说翻就翻。"一时间,各行各业、男女老少的友谊小船几乎都翻了一遍。然而,为什么友谊会是小船?这艘小船又怎么说翻就翻呢?

　　许多网友对这个有趣的网络现象进行说明,大多数人认为"友谊的小船"发端于"友谊"的英文单词"friendship"。英文单词主要通过"在词根上添加词缀"的派生方法构成。"ship"一词本义是船舶,作为词缀使用时常表达某种状态、地位或性质。"friend"是朋友的意思,"friendship"便是指朋友双方共同凝结的情感。将"friendship"当中词缀"ship"的意义实在化便可以理解作"友谊之船"。经典美剧《老友记》就曾用这种办法赞美了友谊:"什么船是永不沉没的?""友谊之船 (A friendship)。"汉语中,将友谊与船舶关联的例子也同样屡见不鲜。欧阳修在《朋党论》中用"同心而共济,始终如一"来形容君子间的友谊,成语同舟共济、风雨同舟也常被用来描写友谊。由此,"友谊的小船"这一说法便易被接受了。

　　船舶作为水上航行的交通工具，利用稳定的浮力承载客货。当船只重心偏移、不平衡时就会导致翻船。友谊的关系也同样如此。两个好朋友乘坐在同一艘友谊之船上，如果其中一方发生了异于另一方的变化导致关系不平衡，那么友谊之船也就可能翻沉。但是，"友谊的小船说翻就翻"这种说法又来自哪里呢？

　　有人说，将英语"friendship"拆开，前半音译、后半意译就成了"翻的ship（船）"。有人说，澳大利亚绘本《谁弄翻了小船》用五只农场动物登船的故事最早描写了"友谊的小船说翻就翻"。也有人说，微博中的一张恶搞配图将《让我们荡起双桨》中的歌词改成了"让我们荡起双桨，小船儿说翻就翻"，最早使用了这一说法。来源众说纷纭，但让"翻船体"真正走红的却是作者"喃东尼"。他绘制了两只企鹅的友谊小船翻沉漫画，用来搭配"翻船体"造句，生动可爱。于是，这组漫画很快便被网友们接受并改配文字，真正掀起了"翻船体"的造句大赛。

　　小到你减肥成功，我却依旧胖着；大到两个国家外交摩擦，发生冲突。"友谊的小船说翻就翻"都可以被用来描述友谊关系中失衡的现象。"翻船"的理由更是五花八门，有不了解对方而造成误会的，有无法满足对方需求的，甚至还有因为闺蜜早早脱单而羡慕嫉妒的，只要是其中一方有违另一方意愿都可能导致"翻船"。休谟说"友谊是人生最大的快乐"，"友谊的小船"毕竟来之不易。人们争相模仿"翻船体"调侃的同时，也应该看到友谊可贵的一面。人际相处中难免会有摩擦，彼此的体谅才是化解矛盾的关键。

　　除了友情，网友们还另造了一个与"翻船体"相对的"沉船体"，用以调侃爱情关系，比如评论韩剧《太阳的后裔》："爱情的巨轮说沉就沉，刘时镇大尉与姜医生真是说分手就分手了。"后来"翻船"的搭配对象进一步拓展，几乎所有搞砸了的事都可用上，如"网红的小船说翻就翻""油价的小船说翻就翻"等等。

这不科学！

田童心

"他成绩这么好居然没上清华，这不科学！"

"最近雾霾这么严重，我还没被毒死，真是不科学！"

请来"赛先生"的近代知识分子们大概想不到，他们心目中严肃的"科学"，会被加上个否定，变成一句日常吐槽。想搞清楚"不科学"，我们还得先弄清："科学"这个词，怎么会从高高在上变成稀松平常？

早在古代典籍中，就有"科学"。据《说文解字》，"科"是会意字，"从禾从斗，斗者量也"，故"科学"一词乃取"测量之学问"之义。到了唐宋时期，"科学"则成为科举制度下，读书人热衷的"科举之学"的略语。譬如宋代陈亮在《送叔祖主筠州高要簿序》中所言："自科学之兴，世之为士者往往困于一日之程文，甚至于老死而或不遇。"

甲午海战失败之后，中国人背负着振兴民族的重任，一场学习近代西方科技的运动轰轰烈烈地展开了，通过走近代化道路崛起的日本成为学习的对象。康有为所著《日本书目志》中，便列举了《科学入门》《科学之原理》等书目，"科学"的含义发生了第一次转变，开始与西方世界接轨。辛亥革命时期，中国人使用"科学"一词的频率逐渐增高, 因为在这种动荡的时代, "科学"是技术的代表, 是振兴国家的关键。

然而, 从社会历史的角度来看, 国人对西方所言"科学"是陌生的, 千年来"重伦理、轻自然"的传统影响了人们对这个新兴概念的理解——"科学"很轻易便泛化了。譬如丁玲在《莎菲女士的日记》中写道: "我不相信恋爱是如此的理智, 如此的科学。"若是不明出处, 还以为是今天的一句口语呢! 虽其含义"合乎逻辑的, 合理的"仍在传统"科学"的范畴内, 却不禁让人发问: 这是否为后来"科学"的网络化埋下伏笔?

到了21世纪, "和平"与"发展"成为主流, "科学"也已经完全进入了每个人的生活, 成为常态, 不再需要被仰望。与此同时, 某事某物如果"不科学", 反倒稀罕了。一种猎奇、求异的心理蔓延, 使得"不科学"代替了"科学", 被更频繁地使用, 演变成我们今天熟悉的"这不科学"。此话在流行之初, 多指某事不符合科学常理、不合乎逻辑, 与丁玲笔下的用法半斤八两。但是厉害的当代青年们总能发掘出多种含义, 也渐渐地运用于各种场合。关于"这不科学"的起源, 共有三种主流说法:

一说认为该词的流行源于科学真人秀《最强大脑》节目。在《最强大脑》第一季中, 因帅气照片走红网络的科学判官魏坤琳, 最常说的一句话就是"科学是我评判的唯一标准"。这句话随着节目的热播, 在网上一炮而红。在之后的传播过程中, 它演变成多种不同的形式, 其中就包括"这不科学"。

一说认为这是对理查·费曼先生于2005年出版的著作《这个不科学的时代》的简称。这个书名在极客圈内被简化为"这不科学"并逐渐变成口头禅，最终演化为网络流行用语。

一说则来自日本动漫。当年深刻影响中国人求富求强的邻国日本，其动漫影响力更是不小。日剧《天才麻将少女》中有一句名言"そんなオカルトありえません"，被翻译为"这不科学"。虽然它的原意是这种超自然现象不可能存在，但是被联想力丰富的网民以极高频率用于吐槽后，"这不科学"就延伸出了"这很魔法""这很科幻"的意思。

无论起源哪里，正是科学的强有力支撑，才使得今天的我们可以有信心、有胆量随意吐槽"这不科学"，"不科学"仍然源于对"科学"的信仰。

你这是在搞事情

卢林鑫

"你不要搞事情！""我决定要搞一波事情。"你听过这些话吗？"搞事情"是怎么演变而来的？它又有哪些意思呢？

最早用"搞事情"一词的是演员陈赫，他在拍摄真人秀《奔跑吧，兄弟》时，常在接到任务后调侃"搞事情啊"。大众觉得这种用法十分有趣，纷纷仿效，"搞事情"从此流行起来。

"搞事情"通常表示故意惹事或瞎折腾，含有强烈的戏谑调侃色彩。比如"特朗普天天搞事情的时候，奥巴马1年赚了4个亿"，这里的"搞事情"是指特朗普上任以来闹腾得厉害，常常成为新闻媒体的热点话题。又如网上盛传香蕉和枣子一起食用会有一种奇怪的味道，某水果店老板便将两种水果放在一起卖，网民不禁感叹："你这是要搞事情啊！"

"搞事情"为什么会有故意惹事、瞎折腾的意思呢？这恐怕与"搞"这个语素有关。"搞"的一个义项是"玩弄"，所以"搞事情"可以表示玩弄一些无伤大雅的小把戏。"搞"还可以组词"搞笑"，即制造笑料、逗人发笑，所以"搞事情"还有哗众取宠的意思。

有时，"搞事情"的语体色彩也会由戏谑转向表示轻微不满。酝酿多时的国庆出游计划因为下雨而泡汤，只能发一条微博泄愤：

"国庆大假天气给自己加戏不是一次两次了，今年又要搞事情！"在这个语境中，"搞事情"表示天不遂人愿，事态发展与预期愿望不相符，表达了一种轻微的埋怨。而这种不满进一步加深，"搞事情"还可以表示故意挑起争端，惹是生非。如热播电视剧《那年花开月正圆》的剧情预告："沈家老妇人来吴家东院搞事情，周莹有理有节霸气怼回。"更有甚者，"搞事情"还可以用来表示一个国家对另一个国家在政治、军事上的挑衅。如"澳大利亚又要在南海搞事情""又搞事情，日方拟将'尖阁'作为钓鱼岛'正式名称'"。

有意思的是，"搞事情"在引申出惹事、挑衅等负面语义的同时，又分化出带有褒义色彩的语义，用来表示做一个大项目、干一番大事业。如"天使投资人遇到耶鲁村官，徐小平要搞大事情""近百家金融机构齐聚，他们要搞一件大事情"。在上述语境中，"搞事情"常常和"大"搭配，形成"搞大事情"这么一个带有正能量的短语，用来表示商业领域某项具有开拓性的、影响深远的计划或工程。

随着"搞事情"传播更广泛，"搞事情"的语义逐渐开始虚化。如"搞事情！学生会招新啦！""搞事情！上海维密秀表演嘉宾确定了！"在这些句子中，"搞事情"不再具有实在的意义，仅仅是一个吸引人注意的符号，相当于"注意啦"。

用"搞事情"来调侃是一种幽默，用"搞事情"表示干大事是一种进取，用"搞事情"来吸引注意是一种活力。看似简单的一个词，却有着如此丰富的内涵，满足了人们多元而细腻的情感表达需要。

实锤打脸，疼吗

杨岚

    每天打开手机或者电脑，无论是刷微博或是浏览网页，总是有大大小小的论争在发生，引来吃瓜群众的"围追堵截"。而在唇枪舌剑中，总会有一些"实锤"蹦出来，如："人红是非多？'跳一跳'被人实锤！""2017年你觉得哪个实锤来得不可思议？"有些人的脸被"实锤"打肿尴尬退场，有些人却为姗姗来迟的"实锤"鼓掌喝彩，可以说几家欢喜几家愁。

    那么什么是实锤呢？其实指的是对澄清事件真相有帮助的确凿证据，所谓眼见为实，"实锤"大多以图片、视频或音频等第一手现场证据为主。该词最早出现于2014年的娱乐圈，从明星的各种八卦消息中演变而来。这是一个消费明星的时代，网民们乐于把明星八卦当作饭后的谈资。同时，媒体和运营商为了迎合大众的口味，纵容娱乐圈各种小道消息满天飞，不曾有片刻停歇。在各种眼花缭乱的信息中，有不少消息只是放出风声便再无下文，引起一番争议之后便不了了之。不少爆料没有任何证据支撑，发布者也不免有诽谤的嫌疑。每每看到这种情景，网友们通常都会大呼："坚决抵制没有实锤乱说话的行为！"这时如果消息是确实的，便会有知情人附上图片、视频等各式各样证据，以证实这件事的可信性，这种行为便被称为"实锤打脸"。

除"实锤"之外，还有"石锤""铁锤"等相关说法。如："石锤！微软研发折叠手机：App都做好了。""四波铁锤证据让你认清他是多么秀。"不难发现，这些词都是以"锤"字为基础，然后不断发展衍生出来的。"锤"的基本义是一种器具，也是占代的一种兵器。而在网络文化盛行的当下，"锤"似乎成了证据的代名词。"锤"作为"证据"的用法最早出现在方言中，即针对只有文字的信息发表评论"没图说个锤子"，意思是没有图片就不要乱说。后来又逐渐出现了"没锤子说个图"的变体，于是就有人开始回应"等着我们给你上锤子"，这个时候"锤"就初步具有了"证据"的意思。那些真正能说明问题的"切实的证据"就被叫作"实锤"，谐音"石锤"，进一步衍生：铁证如山就是"铁锤"，相对没什么说服力也可以说"木锤"或者"纸锤"。

随着前段时间薛之谦事件的不断发酵，"实锤"一词又在网民中掀起一番热议。同时还发展出一个新词"求锤得锤"，指网友认为爆料虚假、没有证据，而爆料人不断放出实锤打脸网友，这个过程就叫作"求锤得锤"，如："薛之谦人设崩塌，粉丝求锤得锤太坑爹！"在一波接一波的重磅实锤之下，先前叫嚣着拿出实证的网友们被打脸，于是又被吃瓜群众戏称为"锤成渣"。后来人们在聊天时，就直接简化为："今天，你被锤了吗？"

"实锤"一词的兴起在一定程度上是对网络恶意攻击、谣言泛滥等不良现象的抵制，同时也反映出网友们对网络信息真假更为理智的判断，在吃瓜的同时也更看重瓜的"质量"。但是，即使有所谓的"实锤"，也不一定就能还原事情的真相，因为在科技发达的今天，"实锤"也可能是被"制作"出来的，证据也有可能是杜撰的，真相只有当事人才真正了解。但不论真假，"实锤"都比流言蜚语强大，被"实锤"打脸还是蛮疼的。

我太难了

刘可欣

　　期末，小明同学的复习过程就像竹篮打水一场空，一边看一边忘。他在朋友圈发文："知识它怎么就不进脑子啊！我太难了！"

　　旁观者不禁要问，从来只听说做事太难，比方说买房太难、考驾照太难，怎么还能称自己太难了呢？"我太难了"说的是在人生的逆境中，各种棘手的难题同时汇聚到自己身上，一时百感交集、无法细数，索性用"我太难了"一句带过。

　　"我太难了"这一用语最早出现在一则广泛传播的网络短视频中，视频中某网络红人扶额叹气道："我太难了，老铁，最近我压力很大。"凄凉的背景音乐下，他说出了几乎所有当代人都会面临的无可奈何。在如今这个信息爆炸的快节奏社会，每个人都被时代的洪流裹挟着向前移动，人人都有些自己的难处，大到买车买房，小到人际关系，都在无形之中挑战着我们的抗压极限。每个人回头看是一步一个脚印跌跌撞撞，向前望又迷雾重重。从小学业繁重，初入社会又要面对职场的尔虞我诈，逐渐厌倦日复一日的工作，开始怀疑曾经的选择。等到为人父母，孩子的教育又是一道不得不面对的难题。成长的历程充满艰辛，最终我们都成了"难"人。"别问！问就是我太难了，我简直难上加难！"

"我太难了"兴起之后，机智的网友又加之以不同的语境，使其以谐音梗的形式在日常生活中流行。经过谐音梗加工后的"我太南了"引发自嘲式的网络狂欢，这就逐渐消解了抱怨哀叹的丧心态，变成了一种搞笑和游戏。有的网友制作了大量表情包，将"我太南了"带上麻将桌，两张"南"上下相叠，美其名曰"南上加南"。两张"南"一左一右放置，这就是"左右为南"。还有更"南"的，把一副麻将仅有的四张"南"全部摆出来就是"南炸"，"难"炸了意味着问题棘手到了极端。如果四张"南"倒着放置，"南"倒了，就是"难倒了"。

最有意味的一个变形是各大购物节时的流行语："我太亢了，因为我没有¥。""¥"是代表人民币的符号，无节制的购物消费之后账户空了，人民币（"¥"）没了就像是失去了"¥"的"南"，成了一个空壳"亢"。随着消费观念的变化和互联网经济的发展，线上支付成为当代年轻人消费的主要方式，"花明天的钱，圆今天的梦"更是悄然渗透到了年轻人的消费观念中，这种消费主义的金钱观念导致的惨痛后果就是钱包空了，"我太亢了"。

"我太难了"这句话给人的第一印象是困境中的自我嘲讽，但随着它逐渐走红，在平常遇到小困难时人们也习惯说"我太难了"。然而在抱怨之后，是就地放弃、知难而退，还是重整旗鼓、迎难而上？与其自我抱怨，不如冷静下来想想如何摆脱困境，不再犯"难"。

图书在版编目（CIP）数据

前排吃瓜：流行语百词榜 / 徐默凡主编 . -- 上海：
上海文化出版社 , 2020.7
（咬文嚼字文库）
ISBN 978-7-5535-2013-1

Ⅰ.①前… Ⅱ.①徐… Ⅲ.①汉语－社会习惯语－研
究 Ⅳ.① H136.4

中国版本图书馆 CIP 数据核字 (2020) 第 095213 号

前排吃瓜——流行语百词榜

徐默凡 主编

责任编辑：蒋逸征
装帧设计：王怡君

出　　版：上海文化出版社　上海咬文嚼字文化传播有限公司
地　　址：上海绍兴路 7 号 2 楼
邮　　编：200020
发　　行：上海文艺出版社发行中心发行　上海市绍兴路 50 号
印　　刷：上海天地海设计印刷有限公司
规　　格：890×1240 1/32
印　　张：8.5
版　　次：2020 年 8 月第 1 版　2020 年 8 月第 1 次印刷
书　　号：ISBN 978-7-5535-2013-1/H.042
定　　价：35.00 元

告读者：如发现本书有印刷质量问题请与印刷厂质量科联系
电　　话：021-64366274